LA BRUYÈRE

LES CARACTÈRES

ENSEIGNEMENT SECONDAIRE MODERNE

LA BRUYÈRE

LES CARACTÈRES

EXTRAITS

Précédés d'une Notice sur la Vie de l'Auteur
et accompagnés de Notes et de Sujets de Devoirs

PAR

A. DOMANGE

PROFESSEUR AGRÉGÉ AU LYCÉE MICHELET

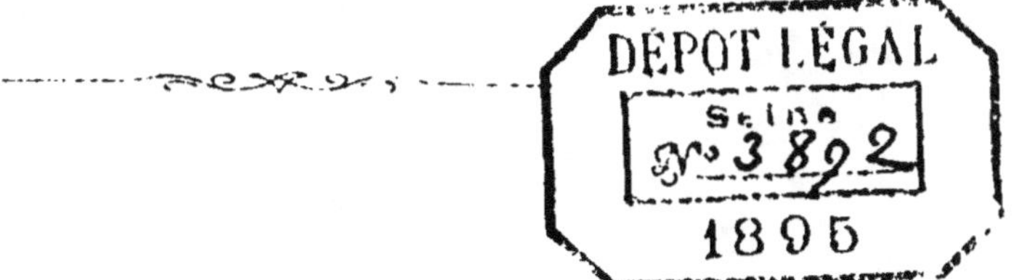

PARIS
GARNIER FRÈRES, LIBRAIRES-ÉDITEURS
6, RUE DES SAINTS-PÈRES, 6

NOTICE

SUR LA VIE DE LA BRUYÈRE

Jean de La Bruyère naquit à Paris, au mois d'août 1645, d'une vieille famille bourgeoise et ligueuse (1). Son père, Louis de La Bruyère, était contrôleur général des rentes assignées sur l'Hôtel de Ville de Paris. Rien n'infirme le témoignage du P. Adry qui revendique pour les Oratoriens l'honneur d'avoir fait l'éducation de Jean de La Bruyère. Il était dans sa vingtième année lorsque, le 3 juin 1665, il présenta et soutint ses thèses de droit devant l'Université d'Orléans. Avocat au Parlement de Paris, La Bruyère plaida-t-il? Peu sans doute. Ses habitudes de méditation s'accommodaient peu des labeurs absorbants de la profession (cf. *De la Chaire*, n° 26), et la scrupuleuse rectitude de son caractère eût condamné ces moyens

(1) « On voit dans maint endroit le vieux sang ligueur qui toujours chaud continue à fermenter... S'il plaint quelqu'un, c'est le peuple qui est tout, disait-il comme Sieyès, et que cependant on ne compte pour rien. » (E. Fournier, *la Comédie de La Bruyère*. V. *De l'Homme*, 128, note.)

de chicane, ces finesses de procédure qui respectent la loi en la tournant (cf. *De quelques usages*, n° 50). Huit années durant, La Bruyère put sans contrainte et sans souci vivre pour l'étude. En 1673, un héritage (1) lui permit d'acheter un office de trésorier des finances dans la généralité de Caen; mais, les formalités de l'installation remplies et le dernier serment prêté, La Bruyère revint à Paris pour y demeurer et ne reparut plus à son poste. La charge, disons la sinécure de trésorier, en assurant à La Bruyère un revenu (environ 2.300 livres) suffisant « pour rouler et pour vivre », avait, d'un bourgeois, fait un écuyer. Revenu à Paris, le nouvel écuyer reprit ses habitudes de travail (2), vivant en sage au milieu des siens, « passant son temps à ouvrir les yeux et à voir, à prêter l'oreille et à entendre » (cf. *Des Jugements*, 104), observant beaucoup, « grand fureteur, habitué des boutiques de

(1) Jean de La Bruyère, qui probablement s'était associé à quelque bail de ferme, mourut le 27 décembre 1671, laissant tous ses biens à ses neveux et nièces.

(2) Vers 1694, La Bruyère s'était peint lui-même dans sa vie studieuse, installé en son cabinet de travail, à l'hôtel des Condé (cf. *Des Biens de fortune*, n° 12). Un de ses ennemis, Bonaventure d'Argonne, le même qui reprochait à La Bruyère ses prétentions nobiliaires (cf. *De quelques usages*, 14), fit de cette page un commentaire malveillant, mais qui tourne à l'honneur du moraliste : « On avait une grande commodité pour s'introduire soi-même auprès de M. de La Bruyère, avant qu'il eût un appartement à l'hôtel de... (Condé). Il n'y avait qu'une porte à ouvrir, et une chambre proche du ciel, séparée en deux par une légère tapisserie. Le vent, toujours bon serviteur des philosophes, courait au-devant de ceux qui arrivaient et retournant avec le mouvement de la porte, levait adroitement la tapisserie, et laissait voir le philosophe, le visage riant, et bien content d'avoir occasion de distiller dans l'esprit et le cœur des survenants l'élixir de ses méditations. » (Vigneul-Marville (Bonaventure d'Argonne), *Mélanges d'Histoire et de Littérature*).

curiosité et des librairies » (Faguet). Avec assez « de fermeté et d'étendue d'esprit pour se passer des charges et des emplois » et consentir à « demeurer chez soi et à ne rien faire », La Bruyère « avait assez de mérite pour jouer ce rôle avec dignité et assez de fonds pour remplir le vide du temps ». (Cf. *Du Mérite personnel*, n° 12). Comment donc La Bruyère en vint-il à aliéner son indépendance pour entrer dans la maison de Condé ?

Y fut-il contraint par un revers de fortune?

Fut-il pris d'une ambition tardive?

Céda-t-il à la tentation de faire l'éducation d'un prince ou encore au désir « d'occuper une place de coin dans une première loge au grand spectacle de la vie humaine et de la haute comédie de son temps »?

« Le philosophe, le futur moraliste n'avait qu'un désir : il voulait être libre, autant que pouvait l'être, dans une société comme celle du XVIIe siècle, un homme qui n'avait ni naissance ni fortune.

Pour cela, il fallait d'abord qu'il renonçât au mariage; il fallait ensuite qu'il liât son existence à une famille assez opulente pour le dispenser de toute préoccupation d'argent, assez éclairée pour apprécier son mérite, assez libre d'esprit pour comprendre et goûter les hardiesses de sa plume, assez puissante pour le protéger au besoin. Afin d'avoir toute son indépendance comme peintre de mœurs, il n'hésita pas à sacrifier quelque chose de sa liberté d'homme. » (Chassang, édition des *Caractères*, Notice, VIII.)

LA BRUYÈRE DANS LA MAISON DE CONDÉ
CARACTÈRE DE LA BRUYÈRE

En 1684, sur la recommandation de Bossuet (1) qui, au dire de Fontenelle, « fournissait ordinairement aux princes les gens de mérite dans les lettres dont ils avaient besoin », La Bruyère fut chargé par le grand Condé d'enseigner l'histoire, la géographie et les institutions de la France à son petit-fils, le duc de Bourbon, qui venait d'achever sa seconde année de philosophie au collège de Clermont. Si le vainqueur de Rocroy pensait faire de son petit-fils un héros ou du moins un homme de guerre accompli, Monsieur le duc voulait faire de son fils un courtisan parfait. Cette divergence de vues ne devait guère faciliter au précepteur l'accomplissement de sa tâche. Autre déboire! La Bruyère dut partager avec d'autres le soin d'achever l'éducation du prince ; le P. Alleaume et le P. du Rosel, qui avaient été ses précepteurs particuliers au collège, furent maintenus dans leurs fonctions à Chantilly. Dans cette situation toujours

(1) Des relations bienveillantes existaient entre l'auteur des *Caractères* et l'évêque de Meaux. Bossuet admettait La Bruyère au petit concile dans la société des Cordemoy, des Malezieu, de l'abbé Genest, etc.

délicate d'un précepteur qui n'est pas uniquement soucieux de toucher des gages, La Bruyère sut, sans complaisances intéressées (1), à force de tact et de dignité, contraindre au respect un élève paresseux, rêveur, insolent, brutal même, et forcer l'estime d'une famille dont Saint-Simon et le marquis de Lassay (2) nous ont laissé des portraits peu flatteurs.

« Le duc de Bourbon (l'élève de La Bruyère) avait de l'esprit, de la lecture, *des restes d'une excellente éducation*, de la politesse et des grâces même, quand il voulait, mais il le voulait très rarement. » (Saint-Simon, *Mémoires*, t. VII, éd. Chéruel.) Le témoignage de Saint-Simon honore singulièrement le précepteur dont le grand Condé, qui s'intéressait activement à l'éducation de son petit-fils, avait su d'ailleurs apprécier les solides qualités d'esprit et la probité scrupuleuse. Et pourtant, de quelles difficultés La Bruyère n'eut-il pas à triompher? Pour obtenir les grandes entrées (3), Monsieur le duc avait négocié le mariage de son fils avec Mademoiselle de Nantes, fille naturelle de Louis XIV et de la marquise de Montespan ;

(1) « Nous sommes très bien avec lui, écrit le P. du Rosel, et nous serons apparemment de même, parce que peu de gens lui sont plus commodes. »

(2) Le marquis de Lassay, né en 1652, attaché à la maison de Condé, avait épousé, en 1696, Mlle de Châteaubriant, fille naturelle de Monsieur le duc.

(3) « En quoi consistait cet avantage? A pouvoir, dans le temps assez court qui séparait le souper du coucher du roi, entrer dans son cabinet et goûter avec lui ce que nous appellerions aujourd'hui la vie de famille, pendant que le reste de la cour attendait à la porte que Sa Majesté vînt se déshabiller. » (Et. Allaire, *La Bruyère dans la maison de Condé*).

dès 1685, l'élève de La Bruyère devient le gendre du grand roi. Les études sont désorganisées ; à Versailles, à Marly, à Chambord, à Fontainebleau, les déplacements, les plaisirs de cour, les apprêts du mariage, les carrousels, etc., s'ils prennent l'élève tout entier, font des loisirs forcés, au précepteur qui, connaissant la ville, peut à son aise étudier la cour et reprendre son poste d'observateur des caractères et des mœurs.

Le mariage définitif du duc de Bourbon (avril 1686), la mort du prince de Condé (11 décembre 1686), mirent fin à la mission qu'avait acceptée La Bruyère. Il demeura néanmoins dans la maison de Condé avec le titre d'écuyer gentilhomme de Monsieur le duc. « Quelles que fussent ses occupations et quelle que fût la confiance qu'il a pu inspirer aux Altesses qu'il servait, plaignons-le, dit M. Servois, d'avoir été aux ordres de tels maîtres. »

Exceptons, si l'on veut, le Grand Condé, « dont l'âge dans ses nerfs a fait couler sa glace » et à qui « il n'a manqué que les moindres vertus », et voyons le portrait de Monsieur le duc : C'était un petit homme très mince, et très maigre, dont le visage d'assez petite mine ne laissait pas d'imposer par le feu et l'audace de ses yeux, et un composé des plus rares qui se soit guère rencontré. Personne n'a eu plus d'esprit et de toutes sortes d'esprit... Jamais aussi tant de talents inusités, tant de génie sans usage, tant et si continuelle et si vive imagination, uniquement propre à être son bourreau et le fléau des autres ;

jamais tant d'épines et de dangers dans le commerce, tant et de si sordide avarice..., jamais encore tant de hauteur. Fils dénaturé, cruel père, mari terrible, maître détestable, sans amitié, sans ami, incapable d'en avoir, jaloux, soupçonneux, inquiet sans aucune relâche..., colère et d'un emportement à se porter aux derniers excès même sur des bagatelles ; difficile en tout à l'excès, jamais d'accord avec lui-même, et tenant tout chez lui dans le tremblement ; à tout prendre la fougue et l'avarice étaient ses maîtres qui le gourmandaient toujours... (Saint-Simon, t. VI, p. 326, éd. Chéruel.)

Le fils valait-il mieux que le père ? « Il n'avait ni l'injustice ni la bassesse de ses pères » (Saint-Simon), mais attendons la fin. « Il était d'un jaune livide, l'air presque toujours furieux, mais en tout temps si fier, si audacieux qu'on avait peine à s'accoutumer à lui... Sa férocité était extrême et se montrait en tout. *C'était une meule toujours en l'air*, qui faisait fuir devant elle, et dont ses amis n'étaient jamais en sûreté, tantôt par des plaisanteries cruelles en face et des chansons qu'il savait faire sur-le-champ, qui emportaient la pièce et ne s'effaçaient jamais... D'amis, il n'en eut point.... » (Saint-Simon, t. VII, p. 287.)

La duchesse de Bourbon, née en 1673, était bien jeune à l'époque où la connut La Bruyère ; il serait injuste de la juger à cette date d'après la correspondance de la duchesse d'Orléans. « Elle était très jolie, avec beaucoup d'esprit, plaisante, railleuse, *n'épargnant personne.* » (Choisy, *Mémoires*.) « Elle ressemble à un joli chat qui, tout en jouant, fait sortir ses griffes. » La caustique duchesse, qui n'épargnait personne, fit-elle grâce à son ancien précepteur de ses impertinentes saillies ? Il est permis d'en douter.

Tels étaient les princes auprès desquels La Bruyère a étudié la cour et les grands. Put-il du moins trouver dans leur entourage quelque consolation, quelque reconfort « contre les petits dédains qu'il essuya parfois des grands ? » (*De la Cour*, 58.) Au P. Alleaume, au P. du Rosel, le précepteur avait pu sans doute confier ses déboires et ses tristesses ; mais, dès 1687, les deux jésuites quittèrent Chantilly, laissant La Bruyère avec les Gourville, les Saintrailles, les Briord, les Fesenzac et autres gentilshommes de la maison de Monsieur le duc.

« Les grands seigneurs sont pleins d'égards pour les princes : c'est leur affaire, ils ont des inférieurs. Les petits courtisans se relâchent sur ces devoirs, font les familiers et vivent comme gens qui n'ont d'exemples à donner à personne. » (*De la Cour*, n° 76).

Une courte citation, tirée du *Recueil* de Lassay, témoin particulièrement informé, éclaircit, en la commentant, la réflexion du moraliste. « Il y a trop d'inégalité dans un tel commerce (celui des grands) pour qu'il soit aimable. Les cabales de leurs petites cours et de leurs domestiques ; les mauvais offices qu'ils tâchent à vous rendre ; l'insolence de leurs valets avec lesquels il ne faut jamais se commettre et dont il est plus sage de souffrir, tout devient insupportable. » (Lassay, *Recueil de différentes choses*, 1759.) — Et maintenant qu'il y ait, dans les *Caractères*, nombre de pensées éparses sur « le mépris attaché à la condition de subalterne », y a-t-il lieu de s'en étonner, si l'on songe avec quelle fierté jalouse La Bruyère prit soin de garder toujours sa dignité saine et sauve? « M. le prince faisait à Santeuil cent niches qu'il prenait fort bien, au lieu que La Bruyère ne s'en serait pas accommodé », écrit le président Bouhier; certes, l'emploi de bouffon, le rôle de l'Angeli ou de Théodas ne convenait pas à La Bruyère. Aussi se tint-il sur la défensive; aussi « se retrancha-t-il dans le sérieux » (IX, 26), bien que cette réserve dût coûter à un homme naturellement bon et soucieux de plaire (XI, 71 (1); — XI, 15)(2). L'abbé d'Olivet, dans son *Histoire de l'Académie*, a presque réussi à fixer La Bruyère dans l'attitude plus souriante que morose d'un philosophe qui accepterait « de s'en aller comme il est venu », s'accommodant des hommes et des choses et ne cherchant qu'à vivre tranquillement. — Peut-être Roger Bontemps se fût-il reconnu dans le portrait de l'abbé d'Olivet; mais, au jugement des contemporains, il y a d'autres traits et complexes à noter dans la physionomie du moraliste.

(1) « On me l'a dépeint comme un philosophe qui ne songeait qu'à vivre tranquillement avec des amis et des livres, faisant un bon choix des uns et des autres; ne cherchant ni ne fuyant le plaisir; toujours disposé à une joie modeste et ingénieux à la faire naître; poli dans ses manières et sage dans ses discours; craignant toute sorte d'ambition, même celle de montrer de l'esprit. » (L'abbé d'Olivet.)

(2) « Maximilien m'est venu voir à Auteuil et m'a lu quelque chose de son *Théophraste*. C'est un fort honnête homme, et à qui il ne manquerait rien *si la nature l'avait fait aussi agréable qu'il a envie de l'être :* du reste, il a de l'esprit, du savoir et du mérite. » (Boileau.)

La Bruyère lui-même ne s'étonnait-il pas de se trouver dur et épineux? (xi, 15)(1). Qu'on souligne à loisir la diversité des témoignages sur La Bruyère, depuis la maligne réserve de Boileau jusqu'aux impertinences de Phelypeaux, depuis les révélations de Valincour (2) jusqu'à celles de l'orientaliste Galland (3), toutes ces appréciations, outre qu'elles s'expliquent aisément, ne peuvent rien contre l'éloge sans réserve que Saint-Simon a fait de La Bruyère : « C'était un fort honnête homme, de très bonne compagnie, simple, sans rien de pédant, et fort désintéressé. » — Cette gaucherie, d'ailleurs, cet embarras dont certains contemporains caustiques lui font un reproche, n'était qu'une attitude voulue qu'il quittait dans le cercle restreint de ses amis, s'émancipant alors d'autant plus qu'il avait été plus retenu ailleurs. (L. Lacour, édition des *Caractères*, notice.) — Il faudrait ne pas être sensible pour ne pas être susceptible. L'irritable susceptibilité de La Bruyère vient de sa sensibilité vive et ardente. Il avait « des haines vigoureuses » pour le prochain qui ne lui plaisait pas; mais l'abbé Renaudot nous ga-

(1) « Si vous faites encore quelques voyages à Chantilly, je ne doute pas qu'avant qu'il soit un an, on ne vous mène haranguer aux Petites-Maisons : ce serait une fin assez bizarre pour le Théophraste de ce siècle. » Phelypeaux, *Lettre à La Bruyère*.)

(2) « La Bruyère était un bon homme, dans le fond, mais la crainte de paraître pédant l'avait jeté dans un autre ridicule opposé qu'on ne saurait définir; en sorte que, pendant tout le temps qu'il a passé chez M. le duc, on s'y est toujours moqué de lui. »

(3) « M. Fougères, officier de la maison de Condé depuis plus de trente ans, disait que M. de La Bruyère n'était pas homme de conversation, et qu'il lui prenait des saillies de danser et de chanter, mais fort désagréablement. » (Galland.)

rantit que par contre, La Bruyère aimait chaleureusement ses amis. Mais, dira-t-on encore, si La Bruyère méprise les grands (IX, 53; — VII, 15, etc.), pourquoi ne consent-il pas à vivre familièrement avec ses égaux (IX, 14)? Demandons à Molière le secret de cette contradiction.

> Notre sort est beaucoup plus rude
> Chez les grands que chez les petits...
> Vers la retraite en vain la raison nous appelle,
> En vain notre dépit quelquefois y consent;
> Leur vue a sur notre zèle
> Un ascendant trop puissant,
> Et la moindre faveur d'un coup d'œil caressant
> Nous rengage de plus belle.

La *Confession de Sosie*, La Bruyère la réduit en une brève maxime : « Une froideur ou une incivilité de ceux qui sont au-dessus de nous nous les fait haïr; mais un salut ou un sourire nous les réconcilie. » (*Des Grands*, 16). — Que celui-là seul jette la pierre à La Bruyère, qui, après un franc retour sur lui-même, pourra déclarer qu'il n'a jamais eu l'occasion ni les raisons de s'appliquer la remarque du moraliste ou d'en éprouver la justesse.

Avec son entrée dans la maison de Condé, les seuls événements à noter dans la vie de La Bruyère sont la publication des *Caractères* et sa réception à l'Académie française.

La Bruyère lut d'abord son esquisse du *Livre des Mœurs* à ses amis qui, semble-t-il, lui mesurèrent les éloges avec une réserve qui pouvait le décourager. Heureusement il résolut d'abandonner son manuscrit à l'impression. Dans toute biographie de La Bruyère doit figurer l'anecdote suivante que Formey, qui la tenait de Maupertuis, a rapportée dans un discours académique . « M. de La Bruyère, disait-il, venait presque journellement s'asseoir chez un libraire nommé Michallet, où il feuilletait les nouveautés et s'amusait avec un enfant bien gentil, fille du libraire qu'il avait pris en amitié. Un jour il tire un manuscrit de sa poche, et dit à Michallet : « Voulez-vous imprimer ceci? « (C'étaient les *Caractères.*) Je ne sais si vous y trou- « verez votre compte; mais en cas de succès, le pro- « duit sera pour ma petite amie. » Le libraire entreprit l'édition. A peine l'eut-il mise en vente qu'elle fut enlevée, et qu'il fut obligé de réimprimer plusieurs fois ce livre, qui lui valut deux ou trois cent mille francs. Telle fut la dot imprévue de sa fille, qui fit, dans la suite, le mariage le plus avantageux. »

Deux ou trois cent mille francs! Quelle noble générosité! Quel magnifique exemple de désintéressement!

« Amas d'épithètes, mauvaises louanges; ce sont les faits qui louent », a écrit La Bruyère. Or, venons aux faits. Les bénéfices, la forte somme réalisée par l'heureux libraire ne doivent pas ici faire illusion. L'auteur des *Caractères,* en remettant à Michallet le mince cahier de copies qu'était son manuscrit, se conforma simplement aux habitudes du temps, en renonçant à ses « droits d'auteur ». Pour railler ces auteurs dégoûtés de gloire, affamés d'argent qui « mettent leur *Apollon* aux gages d'un libraire »,

Boileau ne faisait qu'ériger en maxime la pratique générale des écrivains du temps :

Travaillez pour la gloire, et qu'un sordide gain
Ne soit jamais l'objet d'un illustre écrivain.

« La librairie est bien éloignée d'être ce qu'elle était autrefois », remarque amèrement le sieur de Pepinocourt (1); « où trouver les libraires qui achètent raisonnablement les copies? » Avant la publication des *Caractères*, La Bruyère n'était-il pas tout à fait inconnu? Eût-il pu dès lors exiger de sa copie un prix raisonnable? Rebuté par Michallet, eût-il été mieux accueilli chez Barbin ou Cramoisi, chez Guillaume de Luyne ou Simon Langronne? Pour qui aimerait le paradoxe, la tentation serait grande d'insinuer que ce fut La Bruyère qui fut, en l'espèce, redevable à Michallet. Le libraire risquait ses fonds, il n'était pas prophète, et l'ouvrage pouvait ne pas réussir.

Est-il besoin de dire que cette mise au point de l'anecdote ne va pas à confirmer le jugement suivant de La Harpe? « C'est avec peine qu'on voit (2) un écrivain que son talent rend digne d'écrire pour la gloire avouer qu'il écrit pour le gain, se plaindre crûment en public de n'être pas assez payé de ses ouvrages. » La Harpe a commis une injustice en prenant au sérieux une simple boutade de La Bruyère; avant La Bruyère, Juvénal avait dit en latin :

Serrano tenuique Saleio.
Gloria quantalibet quid erit, si gloria tantum est?

(1) *Réflexions, Pensées et Bons Mots*, par le sieur Pepinocourt.
(2) Cf. *Des Jugements*, n° 21.

« A Serranus, au pauvre Saleius, qu'importe la gloire, quelle qu'elle soit, s'ils n'ont rien que la gloire » ? (Juvénal, Sat. VII, 81-82.) La Bruyère regrette ailleurs que le talent soit mal renté (VI, 56); mais de tout temps les poètes, sans en excepter Boileau (cf. Sat. VIII), ont exprimé la même plainte. Pourquoi donc accuser La Bruyère d'âpreté au gain pour avoir, dans une page mordante, mis en contraste le dénuement de l'auteur « même coté dans la place », sur le marché, et la fortune de B** qui s'enrichit à montrer dans un cercle des marionnettes, de BB** à vendre en bouteille l'eau de la rivière? La lecture attentive de La Bruyère, l'impression de noblesse et de fierté qui se dégage de l'œuvre entière, sans compter maintes et formelles déclarations éparses dans les *Caractères*, protestent suffisamment contre l'inique appréciation de La Harpe.

Imprimé à la fin de 1687 sous ce titre : *Les Caractères de Théophraste* (1), traduits du grec, avec les *Caractères ou les mœurs de ce siècle*, le livre parut en 1688. La première édition, qui contenait à peine le tiers de l'ouvrage achevé, fut vite épuisée; une deuxième, une troisième édition qui la suivirent de

(1) « Théophraste, disciple d'Aristote, fut aussi son successeur et continua au Lycée les leçons du maître. Le nom sous lequel il est connu et qui signifie le divin parterre, lui fut donné par Aristote en échange de celui de Tyrtame. Né dans l'année 371 av. J.-C. il prolonge, dit-on, sa vie au-delà de cent ans, et pendant cette longue carrière, toujours paisible et glorieuse, il ne cessa pas un seul instant de cultiver et d'enseigner la science. La plupart de ses ouvrages, et ils sont nombreux, se rapportent à l'histoire naturelle; mais il doit surtout sa célébrité au livre des *Caractères moraux*, dans lequel il suit les traces de son maître Aristote, qui lui avait donné, dans un chapitre de sa *Rhétorique*, l'exemple de ces études sur les mœurs de l'homme. » (E. Gérusez, *Cours de Littérature*.)

près, furent enlevées sans que l'auteur eût le temps de remanier son livre. Comment expliquer le succès d'un ouvrage « qui ne dépassait pas en étendue une simple brochure ? » (Walckenaër). — A quoi tint donc cette vogue subite et sans exemple avant les *Lettres persanes?*

Au nom de l'auteur? Il gardait l'anonyme.

A la nouveauté du titre ? Il était le même que celui de Théophraste.

A la nouveauté des matières? Mais dans son propre siècle, La Bruyère avait eu des devanciers. Depuis longtemps les *Portraits* comme les *Maximes* étaient à la mode, et si les *Galeries de la Grande-Demoiselle* n'avaient plus guère de lecteurs, La Rochefoucauld, à la date de 1688, ne pouvait être oublié.

En faisant sa part légitime de succès au mérite littéraire de l'œuvre, à son originalité ou, comme dit La Bruyère, « à sa singularité », il n'est guère contestable que la vogue des *Caractères* puisse, en partie, s'expliquer par les circonstances mêmes qui en accompagnèrent la publication. N'est-ce pas, en effet, de l'accord unanime des historiens, dans cette période comprise entre 1688 et 1696, que se manifestent avec une effrayante énergie les causes qui précipitèrent la décadence de la monarchie? — Si l'auteur des *Caractères*, par un coup d'essai qui était un coup de maître, avait conquis la célébrité, il s'était, par contre, attiré bien des inimitiés. Avant de publier son ouvrage, La Bruyère l'avait lu à M. de Malezien, précepteur du duc du Maine : « Mon ami, lui avait dit M. de Malezien, il y a là de quoi vous faire bien des lecteurs et bien des ennemis (1). En effet, financiers et gens de robe, courtisans et grands seigneurs, nouvellistes et beaux esprits, intrigants, sots et pédants crièrent à l'insulte et à la diffamation. Mais, fort de l'appui « des Altesses à qui il était » et de la complicité d'un public qui s'obstinait à réclamer de nouveaux caractères, La Bruyère n'en continua pas moins son œuvre. D'année en année, de 1688 à 1696, le succès s'affirma de plus en plus éclatant, La Bruyère osant davantage à chaque édition et mettant à chaque tirage « double et triple charge, dût la balle forcée faire éclater la carabine ».

Désireux de voir l'Académie consacrer le mérite et le succès de son ouvrage, La Bruyère, dès l'année 1691, pose sa candidature. La cabale de ses ennemis, Benserade, Fontenelle, Thomas Corneille, réussit à l'évincer : il subit un double échec. En juin 1691, Fontenelle; en octobre, Pavillon lui furent préférés. Tourreil, en 1692, remplace Michel Leclerc; en 1693, Fénelon succède à Pellisson, l'abbé Bignon à Bussy, et La Bruyère avait peut-être renoncé à se présenter, quand enfin il fut élu (mai 1693), en remplacement de l'abbé de la Chambre.

La séance de réception, présidée par Charpentier, eut lieu au Louvre le 15 juin. « On dit (2) que deux

(1) « Quand Despréaux lut sa première satire à cet abbé (Furetière), il s'aperçut qu'à chaque trait Furetière souriait malignement et laissait voir une joie secrète de la nuée d'ennemis qui allait fondre sur l'auteur : « Voilà qui est bon, disait-il, mais cela fera du bruit. » (D'Alembert, *Eloge de Despréaux.*)

(2) Lettre de Boursault à l'évêque de Langres.

heures avant la réception, Messieurs de l'Académie trouvèrent cette épigramme sur leur table :

> Quand, pour s'unir à vous, Alcipe se présente,
> Pourquoi tant crier haro ?
> Dans le nombre de quarante
> Ne faut-il pas un zéro?

Dans son discours, La Bruyère ne ménagea pas ses éloges à ses amis (cf. *Discours*) qui, par délicatesse et par modestie, ne pouvaient applaudir à leur propre panégyrique, et en fut très avare pour ses adversaires qui l'entendirent avec une froideur marquée.

La Bruyère, qui sans doute n'avait pas fait les visites d'usage, pour s'en excuser, avait dit « qu'estimant assez cette distinction pour la posséder dans toute sa fleur et dans toute son intégrité, il n'avait pas osé blesser, pas même en effleurer la liberté, *par une importune sollicitation* ». La cabale en frémit et cria haro sur La Bruyère.

Fontenelle n'était pas loué nommément, ni Thomas Corneille; ne pouvant réclamer leur part d'éloge, ils réclamèrent celui-ci pour son frère, celui-là pour son oncle. — La Bruyère avait repris dans son discours le parallèle entre Corneille et Racine; ils affectèrent de le trouver outrageant pour la mémoire de Corneille. Ils demandèrent que l'Académie s'opposât à l'impression du discours; l'impression en fut autorisée. Ils demandèrent que l'alinéa consacré à Corneille disparût; l'alinéa fut maintenu.

En l'absence de Racine, Charpentier, le doyen de

l'Académie, était chargé de répondre au récipiendaire. il le fit dans un discours qu'il voulait rendre désobligeant pour les partisans de La Bruyère ; il y prit parti pour les Modernes contre les Anciens, fit exception pour le seul Théophraste qu'il ne célébra que pour le mettre fort au-dessus de son imitateur (1).

En dehors de l'Académie, et dès le lendemain, la guerre reprit de plus belle.

Le *Mercure galant* (2) déclare que le discours de La Bruyère était directement au-dessous de rien et « que l'élection était due aux plus fortes brigues qui eussent jamais été faites ». Dans le même article (n° de juin 1693), Doneau de Visé et ses inspirateurs insinuaient que l'œuvre de La Bruyère, toute de médisance et de calomnie, offensait la morale et la religion ; d'ailleurs devait-on appeler un ouvrage suivi ce qui n'était qu'un « amas de pièces détachées (3) »?

La Bruyère riposta dans son livre (cf. *Cydias*) et

(1) « Théophraste a envisagé la chose d'un air plus philosophique, il n'a envisagé que l'universel ; vous êtes plus descendu dans le particulier. Vous avez fait vos portraits d'après nature ; lui n'a fait les siens que sur une idée générale. Vos portraits ressemblent à certaines personnes, et souvent on les devine ; les siens ne ressemblent qu'à l'homme. Cela est cause que ses portraits ressembleront toujours ; mais il est à craindre que les vôtres ne perdent quelque chose de ce vif et de ce brillant qu'on y remarque quand on ne pourra plus les comparer avec ceux sur qui vous avez tiré. »

(2) Journal fondé en 1672 par Visé, et le plus ancien de nos journaux après la *Gazette de France*.

(3) « L'ouvrage de M. de La Bruyère n'est qu'un amas de pièces détachées, qui ne peut faire connaître si celui qui les a faites aurait assez de lumière ou de génie pour bien conduire un ouvrage qui serait suivi... Ceux qui s'attachent à ce genre d'écrire devraient être persuadés qu'il fait souffrir la piété du roi... La satire n'est pas du goût de Madame la Dauphine. »

dans la préface de son *Discours à l'Académie*, où ses adversaires, au témoignage de Mathieu Marais (lettre à Bayle, 1691), « furent battus dos et ventre ».

Trois ans après, La Bruyère mourut presque subitement d'une attaque d'apoplexie, dans la nuit du 10 au 11 mai 1696, laissant inachevés ses *Dialogues sur le Quiétisme* (1).

A. DOMANGE.

(1) Les *Dialogues* qui ont été imprimés sous son nom sont d'Ellies Dupin, docteur de Sorbonne (Walckenaër). — L'*Académie des Bibliophiles*, a publié, en 1870, dans sa collection, un manuscrit inédit sur les *Caractères de la Tragédie*; l'auteur-éditeur, le prince Wiszniewski, l'attribue à La Bruyère, mais les raisons qu'il donne à l'appui de sa conjecture sont loin d'être convaincantes.

LA BRUYÈRE MORALISTE ET PEINTRE DE SON ÉPOQUE

La Bruyère ni métaphysicien ni philosophe (1).

« Sa pensée était plus forte qu'étendue, — il avait moins d'originalité que de verve ». (TAINE.)

« La Bruyère n'a aucune originalité ni aucune profondeur comme philosophe.

« Est spiritualiste à la façon de Descartes et chrétien selon Bossuet. » (FAGUET.)

« Écartons cette espèce de critique qui demande à un écrivain le mérite qu'il n'a pas dû avoir. » (La Harpe, *Cours de Littérature*, t. VII, p. 288.)

But que se proposait La Bruyère.

Cf. préface des *Caractères*, 1re édition : « Ce ne sont point des maximes que j'ai voulu écrire : elles sont comme des lois dans la morale, et j'avoue que je n'ai ni assez d'autorité, ni de génie pour faire le législateur. »

Cf. *Discours sur Théophraste* : « Je me renferme seulement dans cette science qui décrit les mœurs, qui examine les hommes et qui décrit leurs caractères. »

Cf. préface des *Caractères* (1re édition 1688) : « S'il (l'homme) se connaît quelques-uns des défauts, il peut s'en corriger. » — (4e édition) : « C'est l'unique fin que l'on doit se proposer en écrivant. — On ne doit parler, on ne doit écrire que pour l'instruction. »

(1) « Il faut convenir que La Bruyère, qui imite volontiers Pascal, affaiblit parfois les preuves et la manière de ce grand génie. » (Chateaubriand.)

« La Bruyère n'est pas un de ces moralistes profonds ou ambitieux qui découvrent la raison des sentiments humains ou qui la cherchent, qui s'efforcent de la suivre jusqu'à leur source, les ramènent ainsi les uns aux autres, et en réduisent le nombre à mesure qu'ils les connaissent davantage, pour s'arrêter seulement devant ces impulsions primitives qui, sous une riche diversité de formes et de noms, font le mouvement de tout notre être et l'agitation de notre vie. Il laisse aux Pascal, aux la Rochefoucauld cette investigation hardie et cette grande curiosité qui s'attaquent au fond même de notre nature. » (Prévost-Paradol, *Études sur les moralistes français*, 5e éd., 187-188.)

La Bruyère suppose rebattus par les anciens et par les modernes *les principes*.

moraux. — Aristote.

physiques. Caractères des passions de Martin Cureau de la Chambre. Passions de l'âme de Descartes.

Place que La Bruyère a voulu prendre parmi les moralistes.

« L'un (Pascal) par l'engagement de son auteur, fait servir la métaphysique à la religion, fait connaître l'âme, ses passions, ses vices, traite les grands et les sérieux motifs pour conduire à la vertu et veut rendre l'homme chrétien.

« L'autre (La Rochefoucauld), qui est la production d'un esprit instruit par le commerce du monde et dont la délicatesse était égale à la pénétration, observant que l'amour-propre est dans l'homme la cause de tous ses faibles, l'attaque sans relâche, quelque part où il le trouve; et cette unique pensée, comme multipliée en mille manières différentes, a toujours, par le choix des mots et par la variété de l'expression, la grâce de la nouveauté. »

Originalité de La Bruyère.

« L'on ne suit aucune de ces routes dans l'ouvrage qui est joint à la traduction des *Caractères*, il est tout différent des deux autres que je viens de toucher : *moins sublime que le premier et moins délicat que le second*, il ne tend qu'à rendre l'homme raisonnable, mais par des voies simples et communes, et en l'examinant indifféremment, *sans beaucoup de méthode et selon que les divers chapitres y conduisent*, par les âges, les sexes et les conditions, et par les vices, les faibles et le ridicule qui y sont attachés. »

La Bruyère moraliste, littérateur.

« C'est à La Bruyère qu'il faut faire honneur d'avoir su le premier présenter la morale sous la forme d'un genre ou d'un art. La Bruyère est le moraliste littérateur. » (Nisard, *Histoire de la Littérature française*, t. III).

La Bruyère est un observateur qui étudie les mœurs des hommes avec lesquels il vit pour les en corriger (1.)

La Bruyère remplit-il les conditions nécessaires à l'observation?

Il ne suffit pas d'avoir des yeux pour voir. Les hannetons, disait Buffon, ne savent pas l'histoire naturelle.

Perspicacité, sagacité de l'observateur.

Analyse pénétrante, intelligence souple et prompte à démêler les nuances.

Prudence dans les conclusions. (Cf. *Des Jugements*, 27, 31.)

La morale de La Bruyère est celle qui se dégage naturellement du spectacle des choses et des hommes réunis en société. — Quoique souvent rigoureux pour l'homme, il n'a pas le parti pris de La Rochefoucauld, il est par conséquent plus juste et plus vrai. — Ressemblance des portraits. De là à nous corriger, il n'y aurait qu'un pas; seulement... nous ne savons nous reconnaître nous-mêmes dans les personnages dont nous rions ; — vanité, misère, habitude, infirmité originelle de notre nature.

La Bruyère satirique.

Édition 1688 : « Je rends au public ce qu'il m'a prêté, j'ai emprunté de lui la matière de cet ouvrage... Il peut regarder avec loisir ce portrait que j'ai fait de lui d'après nature. »

Dès la première apparition des *Caractères*, la malignité publique se plut à mettre des noms sous les portraits. D'où :

(1) Et conter pour conter me semble peu d'affaire...
Je tâche d'y tourner le vice en ridicule,
Ne pouvant l'attaquer avec des bras d'Hercule.
(La Fontaine, *Le Pâtre et le Lion*.)

1° Les attaques du *Mercure Galant* : L'ouvrage de La Bruyère n'est qu'un « recueil de portraits satiriques dont la plupart sont faux et les autres tellement outrés qu'il a été aisé de reconnaître qu'il a voulu faire réussir son livre à force de dire du mal de son prochain ».

2° Les Clefs.
a) Notes marginales, écrites par les lecteurs du temps sur leurs exemplaires, se reproduisant presque toujours les mêmes.
b) Listes transcrites sur le livre même.
c) Listes imprimées; la première parut après la mort de La Bruyère.

Protestations de La Bruyère.
— Cf. préface de l'édition 4e (1689) où il « proteste contre tout chagrin, toute plainte, toute maligne interprétation, toute fausse application, toute censure, contre les froids plaisants et les lecteurs mal intentionnés ».
— Cf. épigraphe, 4e éd. : « Admonere voluimus, non mordere; prodesse, non lœdere; consulere moribus hominum, non officere (1). » (Erasme.)
— Cf. préface du *Dis. à l'Académie*. (2)

La Bruyère a étudié les hommes de son temps et

(1) « Nous avons voulu avertir, non mordre; être utile, non blesser; corriger les mœurs sans offenser personne. »

(2) « La Bruyère ne nomme pas, mais plus véritablement satirique que Boileau, ce n'est pas à quelques mauvais vers qu'il s'attaque et à quelques pauvres auteurs décriés; c'est aux mœurs, à la société. Il ne nomme pas, non ; mais il donne au public le plaisir de reconnaîtrè, et, à ses victimes la douleur et la honte d'être reconnues. » — « Les portraits de Saint-Simon, qui portent le nom du modèle, font assez voir que La Bruyère a peint l'humanité en peignant ses contemporains, ses voisins et ses amis. — Il y a longtemps que La Bruyère serait oublié s'il n'avait été que le plus spirituel pamphlétaire de son siècle. » (De Sacy, *Variétés littéraires*, t. I, 326 sq.)

de son pays (1) ; « ce sont les caractères ou les mœurs de ce siècle que je décris ». (4e éd., *Préface.*) — En lisant La Bruyère, il importe donc de songer à quel moment du siècle il écrit.

Intérêt historique.

La Bruyère témoin de son temps, — mais « témoin qui ne se désintéresse pas de ce qu'il voit et de ce qu'il expose. « Il n'a ni l'indifférence du curieux, ni l'impassibilité du sage détaché des choses de ce monde. » (Chassang.) — Sous le moraliste et le peintre, il y a l'homme : de là ses tristesses et ses amertumes ; de là son indignation contre les scandales et les abus.

Cf. *Des Ouvrages de l'Esprit*, 65.

La Bruyère s'est-il contraint dans la satire?

Cf. *Discours sur Théophraste.* « Si l'on peint la Cour, comme c'est toujours, avec les ménagements qui lui sont dus, la Ville ne tire pas de cette ébauche de quoi remplir sa curiosité, et se faire une juste idée d'un pays où il faut même avoir vécu pour le connaître. »

« La Bruyère s'en prend à la société elle-même, à son gouvernement. » (Ch. Vinet, *les Moralistes du XVIIe siècle.*)

Cf. *Discours sur Théophraste :* Éloge de la République athénienne.

Cf. *Du Souverain*, 1. La Bruyère ne croit pas qu'il y ait pour la France d'autre gouvernement possible que la monarchie ; que l'absolutisme se modère seu-

(1) « Ce livre baissa dans l'esprit des hommes, quand une génération entière, attaquée dans l'ouvrage, fut passée. Cependant, comme il y a des choses de tous les temps et de tous les lieux, il est à croire qu'il ne sera jamais oublié. » (Voltaire.)

lement et le moraliste se tiendra satisfait (X, 29 ; X, 24). Mais il ose parler au souverain de ses devoirs, « des obligations indispensables de bonté, de justice, de soins, de défense, de protection » (X, 28); il ose dénoncer les abus du gouvernement personnel, où le prince dispose des biens (X, 28) comme des personnes (IX, 11), il ose dénoncer les excès de l'absolutisme (X. 34), comme les scandales du favoritisme ; il flétrit et maudit la guerre, sous le règne du grand roi (X, 9 ; XII, 119).

Noblesse. « Une certaine inégalité dans les conditions, qui entretient l'ordre et la subordination, est l'ouvrage de Dieu, ou suppose une loi divine » (cf. XVI, 49). Mais l'inégalité sociale a cessé d'être acceptable. Sur quel principe est fondée la noblesse? La Bruyère ne s'attarde pas à le discuter (IX, 47).

Les grands sont malfaisants (IX, 52). Noblesse de cour : frivole égoïsme (IX, 4); asservissement (IX, 24 ; VIII, 69 ; VIII, 74); les grands négligent de rien connaître (IX, 24), se mésallient (VI, 7 ; XIV, 1), etc.

Clergé.
- La parole sacrée devenue un métier (XV, 15; XV, 21).
- Privilèges temporels (VI, 26); intérêt personnel (XV, 2); vocation, besoin d'un bénéfice (XV, 23).
- Les directeurs.— Relâchement de la discipline (XIV, 26).

Magistrature. Vénalité des charges (XIV, 48) ; dissipation (VII, 7) ; partialité (VII, 55).

Formalités de la procédure (XIV, 43) ; iniquités, (XIV, 50 ; XIV, 52).

Financiers. Concussion, malversation (VI, 44 ; VI, 58 ; VI, 32 ; VI, 34).

Bourgeois. Vanité et badauderie.

Cf. *Des Grands*, 25; *De l'Homme*, 120. Cri de pitié. Peuple.

La Bruyère n'est pas un émule ou un précurseur des philosophes du XVIIIe siècle : « C'est un moraliste qui parle, ce n'est pas un révolutionnaire, mais c'est toujours la morale qui commence la ruine des institutions. » (Janet.)

LA BRUYÈRE ÉCRIVAIN

De 1688 à 1696, le livre des *Caractères* eut neuf éditions. Sauf la 2e, la 3e et la 9e, ces éditions n'étaient pas de simples réimpressions (1).

ÉDITIONS	ANNÉE DE PUBLICATION	NOMBRE DES CARACTÈRES
1re, 2e et 3e	1688	420
4e	1689	764
5e	1690	923
6e	1691	997
7e	1692	1073
8e et 9e	1694-1696	1120

Le plan.

La Bruyère, en écrivant ses *Caractères*, avait-il un plan déterminé? L'auteur insiste « sur les raisons qui entrent dans l'ordre des chapitres et dans une certaine suite insensible des réflexions qui les composent ». Cf. préface de la 8me édition, 1694.

(1) L'ouvrage se compose de 16 chapitres; chaque chapitre se divise en articles ou caractères, qui souvent se subdivisent en paragraphes ou alinéas. La première édition comprend 420 caractères, la quatrième en contient 351 nouveaux; comment expliquer l'addition 420 + 351 = 764? C'est que La Bruyère, d'une édition à l'autre, sans compter les additions ou les transpositions, modifie la division de ses caractères, tantôt augmentant, tantôt diminuant le nombre des signes conventionnels qui les séparent..

Cf. préface du *Discours à l'Académie.*

D'un autre côté, en 1688 (cf. *Discours sur Théophraste*), La Bruyère déclare que son ouvrage « ne tend qu'à rendre l'homme raisonnable, mais par des voies simples et communes, et en l'examinant indifféremment, sans beaucoup de méthode et selon que les divers chapitres y conduisent ».

Comment expliquer cette contradiction ?

En 1693, ses adversaires, dans le *Mercure Galant*, publient que La Bruyère est incapable « de rien faire de suivi ». En 1694, pour les besoins de la défense, La Bruyère découvre le plan et l'économie de son livre. La vérité est qu'il n'y a point de plan dans les *Caractères*, point d'unité et qu'il ne pouvait pas y en avoir, vu la façon dont l'ouvrage fut composé (1).

M. Despréaux disait de La Bruyère que c'était un homme qui avait beaucoup d'esprit et d'érudition ; mais que son style était prophétique, qu'il fallait souvent le deviner ; qu'un ouvrage comme le sien ne demandait que de l'esprit, puisqu'il délivrait de la servitude des transitions, ce qui est, disait-il, la pierre d'achoppement de presque tous les écrivains. *(Bolæana,* ou *Entretiens de Monchesnay avec M. Despréaux.)*

(1) On peut croire que la succession de ces courts morceaux dont se compose un chapitre de La Bruyère n'a pas été décidée d'avance, ni réglée par aucune loi de l'art, puisque chaque édition en accroissait le nombre, et que le réseau si lâche de cette composition s'ouvrait sans efforts pour faire place à un nouveau portrait ou à une réflexion nouvelle. » (Prévost-Paradol.)

Sainte-Beuve (*Nouveaux Lundis*, t. I) a restitué le plan des *Caractères* ; on peut ne voir dans cette restitution qu'une spirituelle hypothèse.

« Les gens de plus d'esprit, dit Bondan, sont très sujets à manquer d'ordre. Ils omettent les liaisons, les conciliations entre les idées, parce qu'ils ne croient pas le lecteur assez bête pour n'y point suppléer. Le fond de l'art d'écrire c'est de tenir le lecteur pour un idiot, et les personnes dont le goût et l'intelligence sont exercés reprennent avec raison qu'on ne les traite pas ainsi (1). »

Sachons gré à La Bruyère de n'avoir point « tenu le lecteur pour un idiot », et d'avoir mis beaucoup d'esprit dans un ouvrage qui « ne demandait que de l'esprit ». (I, 60). La Bruyère se proposait-il d'écrire un dogmatique in-folio, de traiter de toutes les vertus et de tous les vices, dans un ouvrage suivi, méthodique, qui n'eût point de fin et nul cours? (XII, 21). Pas de transitions! Les plaisants reproches! Et n'est-ce pas le lieu de répéter le mot de La Harpe : « Ecartons cette sorte de critique qui consiste à exiger d'un auteur le mérite qu'il n'a pas dû avoir.

« Son talent consiste principalement dans l'art d'attirer l'attention. Il invente peu, mais il marque ce qu'il touche d'une empreinte ineffaçable... Il ressemble à un homme qui viendrait arrêter les passants dans la rue, les saisirait au collet, leur ferait oublier leur affaires et leurs plaisirs, les forcerait à regarder à

Le Style, (I, 14) : « Tout l'esprit d'un auteur consiste à bien définir (d'où souci des nuances) et à bien peindre (d'où recherche du pittoresque) (2).

(1) Citation empruntée à Mr M. Pellisson. (*Etude sur La Bruyère*).

(2) « Ce goût de peindre juste va même chez La Bruyère jusqu'à ce que des critiques modernes ont pu appeler sans trop d'exagération une espèce d'audace naturaliste. Ce qu'il y a de sûr, c'est que La Bruyère recherche le mot technique et que, même familier et trivial, il l'accepte. » (Rebelliau, *Notice sur La Bruyère*).

leurs pieds, à voir ce qu'ils ne voyaient pas ou ne voulaient pas voir, et qui ne leur permettrait d'avancer qu'après avoir gravé l'objet d'une manière ineffaçable dans leur mémoire étonnée. Aussi rencontre-t-on chez lui tous les articles du style, jamais la forme n'a été si capable de faire valoir une pensée. » (Taine.)

Lui-même a énuméré, dans la préface des *Caractères*, la plupart des procédés dont il use pour varier la forme de ses maximes et de ses observations (1). Les trois premières éditions (toutes trois de 1668) ne contiennent rien qui rappelle les *Caractères* de Théophraste. De ce fait, on a conclu que La Bruyère avait déjà composé le premier texte des *Caractères* de ce siècle, celui de 1688, avant de traduire l'ouvrage du philosophe grec. Mais ne peut-on pas supposer aussi que La Bruyère, après avoir traduit *Théophraste*, ait, de propos délibéré, voulu « se dispenser de suivre le projet de ce philosophe » ? Pourquoi? mais tout simplement pour faire la preuve de son originalité (Cf. *Discours sur Théophraste.*)

Chaque chapitre contient { maximes ou observations morales.
caractères ou portraits.

1° Observations morales. {
a) Sentences, courtes et concises.
b) Raisonnement ou développement.
c) Parallèle.
d) Trait ou épigramme.
e) Fait ou anecdote.

(1) Cf. préface des *Caractères*, éd. 1688.

2° Caractères ou portraits.

a) Ethopée. Cf. I, 15, image abstraite du pédantisme.
b) Enumération. Cf. Ménalque, Phédon, Giton, Démophile, etc.
c) Peintures qui tiennent le milieu entre le type et le portrait (1).
d) Portraits (2).
e) Caricatures, menus travers, manies (3).

« Quel écrivain a mieux connu l'art de fixer l'attention par la vivacité et la singularité des tons et de la réveiller sans cesse par une inépuisable variété? » Suard.) — Quelle figure de mots ou de pensées ne trouverait-on pas dans les *Caractères?*

Sa prose prend tous les tons et toutes les allures (4).

Tous les tons

Ironie plaisante.
Raillerie amère.
Indignation véhémente.
Note attendrie.

Toutes les allures.

Déduction posée ; dissertation régulière.
Ironie socratique, interrogation pressante.
Interpellation, brusque apostrophe au lecteur, au personnage.
Enigmes piquantes, naïvetés apparentes, paradoxes simulés.
Monologue, dialogue, apologue.
Trait fin et qui met en saillie toute la pensée d'un morceau, etc...

(1) « Sa méthode est très différente de celle de Molière : celui-ci concevait d'abord l'idée générale d'un caractère, et pour en préciser l'image, il empruntait ensuite certains traits à ses contemporains; La Bruyère aperçoit d'abord un individu et en peignant sa physionomie, il la modifie en vue d'une application plus générale. Intermédiaires entre le type et le portrait, les *Caractères* de La Bruyère sont cependant plus près du portrait. » Doumic, (*Hist. de la littér.*)

(2) « On a remarqué avec raison que les portraits célèbres qu'on aime le plus à relire dans La Bruyère ne sont point fondus d'un seul jet, mais composés d'une foule de remarques successives, ajoutées les unes aux autres avec patience et réunies avec art.» (Prévost-Paradol.)

(3) « Les observations de La Bruyère sont intéressantes et piquantes, à proportion qu'elles portent sur de plus petits objets. » (Faguet.)

(4) « Voulez-vous faire un inventaire des richesses de notre langue, en voulez-vous connaître tous les figures, toutes les ressources? Il n'est pas nécessaire de recourir à cent volumes : lisez, relisez La Bruyère. » — (Vallery-Radot, *Chefs-d'œuvre des classiques français du XVIIe siècle.*)

Syntaxe, cf. I. 60.

« Notre langue n'ose jamais procéder que suivant la méthode la plus scrupuleuse et la plus uniforme de la grammaire. » (Fénelon. *Lettre sur les occupations de l'Académie.* La critique de Fénelon ne peut s'appliquer à La Bruyère.)

a) Il n'est pas esclave de la construction (inversion, syllepses, ellipses, etc.)

b) Il secoue le joug du latinisme.

c) Il substitue le style coupé au style périodique.

Vocabulaire.

Si l'on a « enrichi la langue de mots nouveaux », on l'a appauvrie de termes anciens. D'où :

a) Emprunts qu'il fait à la langue du XVIe siècle ;

b) Mots techniques tirés du droit, de la théologie, de l'art militaire, du blason, de la chasse, etc.

c) Mots « aventuriers » venus des boutiques ou des ateliers.

Défauts qu'on a reprochés à La Bruyère. Le travail du styliste (1) ; affectation, préciosité ; les procédés.

« Des phrases mises en vedette n'ont pas le droit d'être insignifiantes ou banales. » Bien que La Bruyère ne soit pas un chroniqueur tenu d'avoir de l'esprit à date fixe, il n'a pas toujours été également heureux dans ses effets. « La finesse qu'on veut avoir », mène à la subtilité, à la préciosité ; l'affectation de l'image conduit aux métaphores incohérentes.

D'Olivet lui reproche le style guindé, affecté, entortillé (2). « Sa phrase n'a pas la fraîcheur des choses spontanées. » (Rebelliau, *Impression de travail.*) « Tout est calcul, tout est art dans son œuvre. » (De Sacy.)

Les figures de mots et de pensées, traits et antithèses, etc., si l'on en abuse, semblent vite des procédés de fabrication, des recettes pour avoir de l'esprit, avec la manière de s'en servir. (Cf. J. Lemaître, *les Contemporains,* 2e série, *la Comtesse Diane.*)

(1) « Vouloir fixer par écrit des pensées communes, c'est dans l'auteur ou médiocrité d'invention, ou illusion de l'ouvrier qui estime moins la matière que la façon. » (Nisard.)

(2) « Boileau disait que le style de La Bruyère était prophétique, qu'il fallait souvent le deviner. » (*Bolæana.* Cf. La Harpe, *Cours de littér.*, t. VII, 328.)

Ces défauts, rares dans l'œuvre de La Bruyère, ne sont en somme que la rançon de ses brillantes qualités.

La Bruyère « estime-t-il moins la matière que le fond »?. Déclaration de l'auteur.

« L'on n'écrit que pour être entendu, mais il faut du moins en écrivant faire entendre de belles choses. L'on doit avoir une diction pure, et user de termes qui soient propres, il est vrai; mais il faut que ces termes si propres expriment des pensées nobles, vives, solides et qui renferment un très beau sens. » *(Des Ouvrages de l'esprit*, 57.)

Mérites de La Bruyère : Voltaire, La Harpe Sainte-Beuve, Faguet.

« Un style rapide, concis, nerveux, des expressions pittoresques, un usage tout nouveau de la langue, mais qui n'en blesse point les règles. » (Voltaire.)

La Harpe.

« Quoiqu'il (La Bruyère) aille vite, vous le suivez sans peine : il a un art particulier pour laisser souvent dans sa pensée une espèce de réticence qui ne produit pas l'embarras de comprendre, mais le plaisir de deviner, en sorte qu'il fait, en écrivant, ce qu'un ancien prescrivait pour la conversation : il vous laisse encore plus content de votre esprit que du sien. »

Sainte-Beuve.

Boileau, comme moraliste et comme critique, avait exprimé bien des vérités en vers avec une certaine perfection. La Bruyère voulut faire dans la prose quelque chose d'analogue, et, comme il se le disait peut-être tout bas, quelque chose de mieux et de plus fin. Il y a nombre de pensées droites, justes, proverbiales, mais trop aisément communes, dans Boileau, que La Bruyère n'écrirait jamais et n'admettrait pas dans son élite. Il devait trouver au fond de son âme que c'était un peu trop de pur bon sens, et, sauf le vers qui relève, aussi peu rare que bien des lignes de Nicole.

Chez lui tout devient plus détourné et plus neuf; c'est un repli de plus qu'il pénètre. » (Sainte-Beuve, *Portraits littéraires*, t. II.)

« La pensée de dire autrement, de varier et de rajeunir la forme, a pu naître dans un grand esprit; elle deviendra bientôt chez d'autres un tourment plein de saillies et d'étincelles. Les *Lettres persanes*, si bien annoncées et préparées par La Bruyère, ne tarderon pas à marquer la seconde époque. La Bruyère n'a nu tourment encore et n'éclate pas, mais il est déjà en quête d'un agrément neuf et du trait. Sur ce point il confine au XVIIIe siècle plus qu'aucun grand écrivain de son âge; Vauvenargues, à quelques égards, est plus du XVIIe siècle que lui. Mais non...; La Bruyère en est encore pleinement, de son siècle incomparable, en ce qu'au milieu de tout ce travail contenu de nouveauté et de rajeunissement, il ne manque jamais, au fond, d'un certain goût simple. » (Sainte-Beuve.)

Faguet (substitution du style coupé au style périodique).

« Cette révolution dans le style devait se produire. Elle était en germe dans l'esprit français lui-même Les écrivains du moyen âge n'usent point de phrases longues. La langue française, en son allure originelle, est analytique, et doit admettre difficilement la période, qui est une synthèse, une manière d'embrasser toute l'idée avec toutes ses dépendances et de la présenter avec elle en un ensemble bien lié. L'habitude du latin, au XVIe siècle, a donné à nos auteurs un penchant à l'imiter, à lui prendre cette phrase qui embrasse toute une pensée, en enveloppant avec elle tout son cortège d'idées secondaires, de preuves, d'atténuations, ou de conséquences. C'était une conquête. Nous l'avons appropriée à notre usage, nous ne l'avons pas perdue : rien de mieux. Mais il était bon qu'à côté, pour l'usage courant, pour l'usage aussi des œuvres légères, des lettres, des pamphlets, des livres didactiques, des pièces comiques, des discours familiers, des propos de moraliste, nous eussions le langage rapide, bref, concis, aisé et ailé, où la pensée ne se déroule pas avec majesté, mais jaillit et court, de l'allure naturelle qu'elle a dans une causerie, dans une discussion, dans une lettre à un ami.

Conclusion : Sainte-Beuve.

« Heureux homme après tout que La Bruyère! s'écrie M. Sainte-Beuve : son talent regarde deux siècles, sa figure appartient à tous les deux ; il termine l'un, on dirait qu'il commence et introduit l'autre. Bossuet l'a tout d'abord pris par la main et patronné, Despréaux l'a accepté, sauf une légère réserve ; Racine l'a tout à fait accueilli ; et en même temps il précède Montesquieu, il l'annonce et le présage pour les *Lettres persanes*. Tout ce qu'il y a d'esprits piquants dans le XVIIIe siècle semble tenir et relever de lui ; tous ces hommes de lettres et à la fois gens du monde, qui régissent la société, qui, dans le tous-les-jours ont le mot vif, mordant, ironique, le propos plaisant et amer,... semblent avoir trempé la pointe de leurs traits dans l'écritoire de La Bruyère. Et il a ce singulier bonheur encore que, quand le XVIIIe siècle est passé et qu'on en parle comme d'une ancienne mode, quand le XVIIe siècle lui-même est exposé de toutes parts aux attaques, aux irrévérences et aux incrédulités des écoles nouvelles, lui, La Bruyère, comme par miracle, y est seul respecté, seul tout entier debout ; on l'épargne, que dis-je? on le lit, on l'étudie, on l'admire; on le loue précisément à cause de cette manière un peu marquée et appliquée qui faisait question en son temps, qui semblait trop forte, qui n'est que suffisante aujourd'hui... Il est le premier en tête de la liste des nouveaux venus, des plus modernes et des plus hardis, il est le *classique de tout le monde.* »

DISCOURS SUR THÉOPHRASTE[1]

(FRAGMENTS)

Je n'estime pas que l'homme soit capable de former dans son esprit un projet plus vain et plus chimérique que de prétendre, en écrivant de quelque art ou de quelque science que ce soit, échapper à toute sorte de critique, et enlever les suffrages de tous ses lecteurs.

Car, sans m'étendre sur la différence des esprits des hommes, aussi prodigieuse en eux que celle de leurs visages, qui fait goûter aux uns les choses de spéculation et aux autres celle de pratique, qui fait que quelques-uns cherchent dans les livres à exercer leur imagination, quelques autres à former leur jugement, qu'entre ceux qui lisent, ceux-ci aiment à être forcés par la démonstration, et ceux-là veulent entendre délicatement, ou former des raisonnements et des conjectures, je me renferme seulement dans cette science qui décrit les mœurs, qui examine les hommes, et qui développe leurs caractères, et j'ose dire que, sur les ouvrages qui traitent de choses qui les touchent de si près, et où il ne s'agit que d'eux-mêmes, ils sont encore extrêmement difficiles à contenter.

(1) Ce discours servait d'introduction générale au livre de La Bruyère, composé : 1° des *Caractères de Théophraste;* 2° des *Caractères ou Mœurs de ce siècle.*

Quelques savants ne goûtent que les apophthegmes (1) des anciens et les exemples tirés des Romains, des Grecs, des Perses, des Egyptiens; l'histoire du monde présent leur est insipide (2); ils ne sont point touchés des hommes qui les environnent et avec qui ils vivent, et ne font nulle attention à leurs mœurs. Les femmes au contraire, les gens de la cour, et tous ceux qui n'ont que beaucoup d'esprit sans érudition, indifférents pour toutes les choses qui les ont précédés, sont avides de celles qui se passent à leurs yeux et qui sont comme sous leur main : ils les examinent, ils les discernent, ils ne perdent pas de vue les personnes qui les entourent, si charmés des descriptions et des peintures que l'on fait de leurs contemporains, de leurs concitoyens, de ceux enfin qui leur ressemblent et à qui ils ne croient pas ressembler, que jusque dans la chaire (3) l'on se croit obligé souvent de suspendre (4) l'Evangile pour les prendre par leur foible, et les ramener à leurs devoirs par des choses qui soient de leur goût et de leur portée.

La cour ou ne connoît pas la ville, ou par le mépris qu'elle a pour elle (4) néglige d'en relever le ridicule, et n'est point frappée des images qu'il peut fournir; et si au contraire l'on peint la cour, comme c'est toujours avec les ménagements qui lui sont dus, la ville ne tire pas de cette ébauche de quoi remplir sa curiosité, et se faire une juste idée d'un pays où il faut même avoir vécu pour le connoître.

D'autre part, il est naturel aux hommes de ne point convenir de la beauté ou de la délicatesse d'un trait de morale qui les peint, qui les désigne, et où ils se reconnoissent eux-mêmes : ils se tirent d'embarras en le condamnant; et tels n'approuvent la satire que lorsque, commençant à lâcher prise et à s'éloigner de leurs personnes, elle va mordre quelque autre.

(1) « Dit notable de quelque personne illustre. » (*Dict. de l'Académie.*)
(2) Qui n'a aucun goût.
(3) Cf. chap. *De la Chaire*, n° 4.
(4) Cf. *De la Ville*, n° 5.

Enfin quelle apparence de pouvoir remplir tous les goûts si différents des hommes par un seul ouvrage de morale? Les uns cherchent des définitions, des divisions, des tables et de la méthode (1); ils veulent qu'on leur explique ce que c'est que la vertu en général, et cette vertu en particulier; quelle différence se trouve entre la valeur, la force et la magnanimité; les vices extrêmes par le défaut ou par l'excès entre lesquels chaque vertu se trouve placée, et duquel de ces deux extrêmes elle emprunte davantage : toute autre doctrine ne leur plaît pas. Les autres, contents que l'on réduise les mœurs aux passions et que l'on explique celles-ci par le mouvement du sang, par celui des fibres et des artères (2), quittent un auteur de tout le reste.

Il s'en trouve d'un troisième ordre, qui, persuadés que toute doctrine des mœurs doit tendre à les réformer, à discerner les bonnes d'avec les mauvaises, et à démêler dans les hommes ce qu'il y a de vain, de foible et de ridicule, d'avec ce qu'ils peuvent avoir de bon, de sain et de louable, se plaisent infiniment dans la lecture des livres qui, supposant les principes physiques et moraux rebattus (3) par les anciens et les modernes, se jettent d'abord dans leur application aux mœurs du temps, corrigent les hommes les uns par les autres, par ces images de choses qui leur sont si familières, et dont néanmoins ils ne s'avisoient pas de tirer leur instruction.

Tel est le traité des *Caractères des mœurs* que nous a laissé Théophraste. Il l'a puisé dans les *Ethiques* (4) et

(1) Cf. Boileau, sat. VIII :

> Mais sans nous égarer dans ces digressions,
> Traiter, comme Senault, toutes les passions,
> Et les distribuant par classes et par titres,
> Dogmatiser en vers et rimer par chapitres,
> Laissons-en discourir La Chambre ou Coeffeteau...

(2) Allusion aux *Caractères des passions* de Martin Cureau de La Chambre, et au traité des *Passions de l'âme* de Descartes.

(3) Répétés à satiété.

(4) Terme de philosophie, science de la morale.

dans les *Grandes Morales* d'Aristote, dont il fut le disciple. Les excellentes définitions que l'on lit au commencement de chaque chapitre sont établies sur les idées et sur les principes de ce grand philosophe, et le fond des caractères qui y sont décrits est pris de la même source. Il est vrai qu'il se les rend propres par l'étendue qu'il leur donne, et par la satire ingénieuse qu'il en tire contre les vices des Grecs, et surtout des Athéniens.....

Que si quelques-uns se refroidissoient pour cet ouvrage moral (1) par les choses qu'ils y voient, qui sont du temps auquel il a été écrit, et qui ne sont point selon leurs mœurs, que peuvent-ils faire de plus utile et de plus agréable pour eux que de se défaire de cette prévention pour leurs coutumes et leurs manières, qui, sans autre discussion, non-seulement les leur fait trouver les meilleures de toutes, mais leur fait presque décider que tout ce qui n'y est pas conforme est méprisable, et qui les prive, dans la lecture des livres des anciens, du plaisir et de l'instruction qu'ils en doivent attendre ?

Nous, qui sommes si modernes, serons anciens dans quelques siècles. Alors l'histoire du nôtre fera goûter à la postérité la vénalité des charges, c'est-à-dire le pouvoir de protéger l'innocence, de punir le crime et de faire justice à tout le monde, acheté à deniers comptants comme une métairie ; la splendeur des partisans, gens si méprisés chez les Hébreux et chez les Grecs. L'on entendra parler d'une capitale d'un grand royaume où il n'y avoit ni places publiques, ni bains, ni fontaines, ni amphithéâtres, ni galeries, ni portiques, ni promenoirs, qui étoit pourtant une ville merveilleuse. L'on dira que tout le cours de la vie s'y passoit presque à sortir de sa maison pour aller se renfermer dans celle d'un autre ; que d'honnêtes femmes, qui n'étoient ni marchandes ni hôtelières, avoient leurs maisons ouvertes à ceux qui payoient pour y entrer ; que l'on avoit à choisir

(1) *Moral*, traitant des mœurs.

des dés, des cartes et de tous les jeux; que l'on mangeoit dans ces maisons, et qu'elles étoient commodes à tout commerce (1). L'on saura que le peuple ne paroissoit dans la ville que pour y passer avec précipitation : nul entretien, nulle familiarité; que tout y étoit farouche et comme alarmé par le bruit des chars qu'il falloit éviter, et qui s'abandonnoient (2) au milieu des rues, comme on fait dans une lice pour remporter le prix de la course. L'on apprendra sans étonnement qu'en pleine paix et dans (3) une tranquillité publique, des citoyens entroient dans les temples, ou visitoient leurs amis avec des armes offensives, et qu'il n'y avoit presque personne qui n'eût à son côté de quoi pouvoir d'un seul coup en tuer un autre. Ou si ceux qui viendront après nous, rebutés par des mœurs si étranges et si différentes des leurs, se dégoûtent par là de nos mémoires, de nos poésies, de notre comique et de nos satires, pouvons-nous ne les pas plaindre par avance de se priver eux-mêmes, par cette fausse délicatesse, de la lecture de si beaux ouvrages, si travaillés, si réguliers, et de la connoissance du plus beau règne dont jamais l'histoire ait été embellie?....

Athènes étoit libre (4); c'étoit le centre d'une république; ses citoyens étoient égaux; ils ne rougissoient point l'un de l'autre; ils marchoient presque seuls et à pied dans une ville propre, paisible et spacieuse, entroient dans les boutiques et dans les marchés, achetoient eux-mêmes les choses nécessaires; l'émulation d'une cour ne les faisoit point sortir d'une vie commune; ils réservoient leurs esclaves pour les bains, pour les repas, pour le service intérieur des maisons, pour les voyages; ils passoient une partie de leur vie dans les places, dans les temples, aux amphithéâtres, sur un port, sous des portiques, et, au milieu d'une ville

(1) Cf. *De la Ville*, n° 12, note 3.

(2) S'abandonner, « se lancer sans ménagement ». (Littré.)

(3) Dans un temps de tranquillité publique.

(4) Cf. Bossuet, *Discours sur l'Histoire universelle*, IIIe partie, chapitre v.

dont ils étoient également (1) les maîtres. Là le peuple s'assembloit pour délibérer des affaires publiques; ici il s'entretenoit avec les étrangers; ailleurs les philosophes tantôt enseignoient leur doctrine, tantôt conféroient avec leurs disciples. Ces lieux étoient tout à la fois la scène des plaisirs et des affaires. Il y avoit dans ces mœurs quelque chose de simple et de populaire, et qui ressemble peu aux nôtres, je l'avoue; mais cependant quels hommes en général que les Athéniens, et quelle ville qu'Athènes! quelles lois! quelle police! quelle valeur! quelle discipline! quelle perfection dans toutes les sciences et dans tous les arts! mais quelle politesse dans le commerce ordinaire et dans le langage!

Enfin, dans l'esprit de contenter ceux qui reçoivent froidement tout ce qui appartient aux étrangers et aux anciens, et qui n'estiment que leurs mœurs (2), on les ajoute à cet ouvrage. L'on a cru pouvoir se dispenser de suivre le projet de ce philosophe, soit parce qu'il est toujours pernicieux de poursuivre le travail d'autrui, surtout si c'est d'un ancien ou d'un auteur d'une grande réputation; soit encore parce que cette unique figure qu'on appelle description ou énumération, employée avec tant de succès dans ces vingt-huit chapitres des *Caractères*, pourroit en avoir un beaucoup moindre, si elle étoit traitée par un génie fort inférieur à celui de Théophraste.

Au contraire, se ressouvenant que parmi le grand nombre des traités de ce philosophe rapportés par Diogène Laërce, il s'en trouve un sous le titre de *Proverbes*, c'est-à-dire de pièces détachées, comme des réflexions ou des remarques, que le premier et le plus grand livre de morale qui ait été fait porte ce même nom dans les divines Écritures, on s'est trouvé excité par de si grands modèles à suivre selon ses forces une semblable manière (3) d'écrire des mœurs; et

(1) A titre égal.
(2) Leurs mœurs propres, leurs mœurs à eux.
(3) L'on entend cette manière coupée dont Salomon a écrit ses *Pro-*

l'on n'a point été détourné de son entreprise par deux ouvrages de morale (1) qui sont dans les mains de tout le monde, et d'où, faute d'attention ou par un esprit de critique, quelques-uns pourroient penser que ces remarques sont imitées.

L'un, par l'engagement (2) de son auteur, fait servir la métaphysique à la religion, fait connoître l'âme, ses passions, ses vices, traite les grands et les sérieux motifs pour conduire à la vertu, et veut rendre l'homme chrétien. L'autre, qui est la production d'un esprit instruit par le commerce du monde et dont la délicatesse étoit égale à la pénétration, observant que l'amour-propre est dans l'homme la cause de tous ses foibles, l'attaque sans relâche, quelque part où il le trouve; et cette unique pensée, comme multipliée en mille manières différentes, a toujours par le choix des mots et par la variété de l'expression, la grâce de la nouveauté.

L'on ne suit aucune de ces routes dans l'ouvrage qui est joint à la traduction des *Caractères*, il est tout différent des deux autres que je viens de toucher : moins sublime que le premier et moins délicat que le second, il ne tend qu'à rendre l'homme raisonnable, mais par des voies simples et communes, et en l'examinant indifféremment, sans beaucoup de méthode et selon que les divers chapitres y conduisent, par les âges, les sexes (3) et les conditions, et par les vices, les foibles et le ridicule qui y sont attachés.

L'on s'est plus appliqué aux vices de l'esprit, aux replis

verbes, et nullement les choses, qui sont divines et hors de toute comparaison. (Note de La Bruyère.)

(1) Les *Pensées de Pascal* publiées pour la première fois en 1670 et les *Maximes* de La Rochefoucauld (1665).

(2) Etant donné le but qu'il se propose.

(3) « Dans l'ouvrage de La Bruyère, comme dans nos sociétés, les femmes viennent à chaque instant varier et animer la scène. Quant au livre de Théophraste, elles n'y paraissent point : on ne les trouve pas même au chapitre *De la Médisance* ». (J.-J. Victorin Fabre, *Eloge de La Bruyère*, 1810.)

du cœur et à tout l'intérieur de l'homme que n'a fait Théophraste; et l'on peut dire que, comme ces *Caractères*, par mille choses extérieures qu'ils font remarquer dans l'homme, par ses actions, ses paroles et ses démarches, apprennent quel est son fond, et font remonter jusques à la source de son déréglement, tout au contraire, les nouveaux *Caractères*, déployant d'abord les pensées, les sentiments et les mouvements des hommes, découvrent le principe de leur malice et de leurs foiblesses, font que l'on prévoit aisément tout ce qu'ils sont capables de dire ou de faire, et qu'on ne s'étonne plus de mille actions vicieuses ou frivoles dont leur vie est toute remplie...

DU GRAND PARLEUR (1)

Ce que quelques-uns appellent babil est proprement une intempérance de langue *qui ne permet pas à un homme de se taire*. « Vous ne contez pas la chose comme elle est, dira quelqu'un de ces grands parleurs à quiconque veut l'entretenir de quelque affaire que ce soit : j'ai tout su, et si vous vous donnez la patience de m'écouter, je vous apprendrai tout. » Et si cet autre continue de parler : « Vous avez déjà dit cela ; songez, poursuit-il, à ne rien oublier. Fort bien, *cela est ainsi*, car vous m'avez *heureusement* remis dans le fait : voyez ce que c'est que de s'entendre les uns les autres » ; et ensuite : « *Mais que veux-je dire* ? Ah ! j'oubliois une chose ! oui, c'est cela même. et je voulois voir si vous tomberiez juste dans tout ce que j'en ai appris. » C'est par de telles ou semblables interruptions qu'il ne donne pas le loisir à celui qui lui parle de respirer ; et lorsqu'il a comme assassiné de son *babil* chacun de ceux qui ont voulu lier avec lui quelque entretien, il va se jeter dans un cercle de personnes *graves* qui traitent ensemble de choses sérieuses, et les met en fuite. De là il entre dans les écoles publiques et dans les lieux des exercices (2), où il amuse les maîtres *par de vains discours*, et

(1) Ce caractère de Théophraste peut donner une idée, à la rigueur suffisante, de la manière du moraliste grec, et fournit un exemple de la figure que La Bruyère appelle description ou énumération.

(2) C'était un crime puni de mort à Athènes par une loi de Solon

empêche la jeunesse *de profiter de leurs leçons*. S'il échappe à quelqu'un de dire : « Je m'en vais », celui-ci se met à le suivre, et ne l'abandonne point qu'il ne l'ait remis jusque dans sa maison. Si par hasard il a appris ce qui aura été dit dans une assemblée *de ville*, il court *dans le même temps* le divulguer. Il s'étend *merveilleusement* sur la fameuse bataille qui s'est donnée sous le gouvernement de l'orateur Aristophon (1) comme sur le combat *célèbre* (2) que ceux de Lacédémone ont livré aux Athéniens sous la conduite de Lysandre. Il raconte une autre fois quels applaudissements a eus un discours qu'il a fait en public, *en répète une grande partie*, mêle dans ce récit ennuyeux des invectives contre le peuple, pendant que de ceux qui l'écoutent les uns s'endorment, les autres le quittent, et que nul ne se ressouvient d'un seul mot qu'il aura dit. Un grand causeur, en un mot, s'il est sur les tribunaux, ne laisse pas la liberté de juger ; il ne permet pas que l'on mange à table ; et s'il se trouve au théâtre, il empêche *non seulement d'entendre, mais même* de voir les acteurs. On lui fait avouer ingénument qu'il ne lui est pas possible de se taire, qu'il faut que sa langue se remue dans son palais *comme le poisson dans l'eau*, et que quand on l'accuseroit d'être plus *babillard* qu'une hirondelle, il faut qu'il parle : aussi écoute-t-il froidement toutes les railleries que l'on fait de lui sur ce sujet ; et jusques à ses propres enfants, s'ils commencent à s'abandonner au sommeil : « Faites-nous, lui disent-ils, un conte qui *achève* de nous endormir. »

à laquelle on avait un peu dérogé au temps de Théophraste. (Note de La Bruyère.)

(1) C'est-à-dire sur la bataille d'Arbelles et la victoire d'Alexandre, suivies de la mort de Darius, dont les nouvelles vinrent à Athènes, lorsque Aristophon, célèbre orateur, était premier magistrat. (Note de La Bruyère.)

(2) Le combat naval d'Ægos Potamos. — « Il était plus ancien que la bataille d'Arbelles, mais trivial et su de tout le peuple. » (Note de La Bruyère.)

PRÉFACE DE LA PREMIÈRE ÉDITION

Admonere voluimus, non mordere; prodesse, non lædere; consulere moribus hominum, non officere (1).

(ÉRASME) (2).

Je rends au public ce qu'il m'a prêté ; j'ai emprunté de lui (3) la matière de cet ouvrage : il est juste que l'ayant achevé avec toute l'attention pour la vérité dont je suis capable, et qu'il mérite de moi, je lui en fasse la restitution. Il peut regarder avec loisir (4) ce portrait que j'ai fait de lui d'après nature, et, s'il se connoît quelques-uns des défauts que je touche, s'en corriger. Ce ne sont point au reste des maximes que j'aie voulu écrire ; elles sont comme des lois dans la morale, et j'avoue que je n'ai ni assez d'autorité ni assez de génie pour faire le législateur ; je sais même que j'aurois péché contre l'usage des maximes, qui veulent qu'à la manière des oracles elles soient courtes et concises. Quelques-unes de ces remarques le sont, quelques autres sont plus étendues : on pense les choses d'une manière différente, et on les explique par un tour aussi tout différent, par une sentence, par un raisonnement, par une métaphore ou

(1) « Nous avons voulu avertir, non mordre ; être utile, non blesser; corriger les mœurs sans offenser personne. »

(2) Erasme, écrivain et savant célèbre, né à Rotterdam en 1467, mort à Bâle en 1536.

(3) Forme usitée au XVIIe siècle.

(4) A loisir.

quelque autre figure, par un parallèle, par une simple comparaison, par un fait (1) tout entier, par un seul trait, par une description, par une peinture : de là procède la longueur ou la brièveté de mes réflexions. Ceux enfin qui font des maximes veulent être crus : je consens, au contraire, que l'on dise de moi que je n'ai pas quelquefois bien remarqué, pourvu que l'on remarque mieux.

(1) Fait, anecdote.

DES OUVRAGES DE L'ESPRIT

---

1. Tout est dit, et l'on vient trop tard depuis plus de sept mille ans qu'il y a des hommes, et qui pensent. Sur ce qui concerne les mœurs, le plus beau et le meilleur est enlevé; l'on ne fait que glaner après les anciens et les habiles (1) d'entre les modernes.

3. C'est un métier que de faire un livre, comme de faire une pendule : il faut plus que de l'esprit pour être auteur. Un magistrat alloit par son mérite à la première dignité, il étoit homme délié (2) et pratique dans les affaires : il a fait imprimer un ouvrage moral, qui est rare par le ridicule.

8. Certains poëtes sont sujets (3), dans le dramatique, à de longues suites de vers pompeux qui semblent forts, élevés, et remplis de grands sentiments. Le peuple écoute avidement, les yeux élevés et la bouche ouverte, croit que cela lui plaît, et, à mesure qu'il y comprend moins (4), l'admire davantage; il n'a pas le temps de respirer, il a à peine celui de se récrier et d'applaudir. J'ai cru autrefois, et dans ma première jeunesse, que ces endroits étoient clairs et intelligibles pour les acteurs, pour le parterre et l'amphi-

(1) *Habile*, dit Bouhours, a presque changé de signification. On ne le dit plus guère pour dire *docte* et *savant*, et on entend par *habile* un homme adroit et qui a de la conduite. (*Entretiens d'Ariste et d'Eugène*, 1671.)
(2) Délié, fin, adroit.
(3) Comme on est sujet à une indisposition.
(4) Cf. *le Médecin malgré lui*, II, 6.

théâtre, que leurs auteurs s'entendoient eux-mêmes, et qu'avec toute l'attention que je donnois à leur récit, j'avois tort de n'y rien entendre : je suis détrompé.

10. Il y a dans l'art un point de perfection, comme de bonté ou de maturité dans la nature. Celui qui le sent et qui l'aime a le goût parfait; celui qui ne le sent pas, et qui aime en deçà ou au delà, a le goût défectueux. Il y a donc un bon et un mauvais goût, et l'on dispute des goûts avec fondement.

13. Amas d'épithètes, mauvaises louanges : ce sont les faits qui louent (1), et la manière de les raconter.

14. Tout l'esprit d'un auteur consiste à bien définir et à bien peindre (2). Moïse (3), Homère, Platon, Virgile, Horace ne sont au-dessus des autres écrivains que par leurs expressions et par leurs images : il faut exprimer le vrai pour écrire naturellement, délicatement.

15. On a dû faire du style ce qu'on a fait de l'architecture. On a entièrement abandonné l'ordre gothique, que la barbarie avoit introduit pour les palais et pour les temples (4); on a rappelé le dorique, l'ionique et le corinthien : ce qu'on ne voyoit plus que dans les ruines de l'ancienne Rome et de la vieille Grèce, devenu moderne, éclate dans nos portiques et nos péristyles. De même, on ne sauroit en écrivant rencontrer le parfait, et, s'il se peut, surpasser les anciens que par leur imitation.

Combien de siècles se sont écoulés avant que les hommes, dans les sciences et dans les arts, aient pu revenir au goût des anciens et reprendre enfin le simple et le naturel !

(1) « Le sage a raison de dire que leurs seules actions les peuvent louer; toute autre louange languit auprès des grands noms. » (Bossuet, *Or. fun. du p. de Condé.*)

(2) *Image* et *précision*, ces deux mots sont tout un traité de rhétorique. (Voltaire.)

(3) Quand même on ne le considère que comme un homme qui a écrit. (Note de La Bruyère.)

(4) L'architecture gothique n'a été remise en honneur qu'au commencement du XIXe siècle. Cf. *Génie du Christianisme*, 3e partie, liv. Ier, chap. VIII.

On se nourrit des anciens et des habiles modernes, on les presse, on en tire le plus que l'on peut, on en renfle ses ouvrages; et quand, enfin, l'on est auteur et que l'on croit marcher tout seul, on s'élève contre eux, on les maltraite (1), semblables à ces enfants drus (2) et forts d'un bon lait qu'ils ont sucé, qui battent leur nourrice.

Un auteur moderne (3) prouve ordinairement que les anciens nous sont inférieurs en deux manières, par raison et par exemple : il tire la raison de son goût particulier, et l'exemple de ses ouvrages.

Il avoue que les anciens, quelque inégaux et peu corrects qu'ils soient, ont de beaux traits; il les cite, et ils sont si beaux qu'ils font lire sa critique.

Quelques habiles (4) prononcent en faveur des anciens contre les modernes; mais ils sont suspects et semblent juger en leur propre cause, tant leurs ouvrages sont faits sur le goût de l'antiquité : on les récuse.

16. L'on devroit aimer à lire ses ouvrages à ceux qui en savent assez pour les corriger et les estimer (5).

Ne vouloir être ni conseillé ni corrigé sur son ouvrage, est un pédantisme.

Il faut qu'un auteur reçoive avec une égale modestie les éloges et la critique que l'on fait de ses ouvrages.

17. Entre toutes les différentes expressions qui peuvent rendre une seule de nos pensées, il n'y en a qu'une qui soit la bonne. On ne la rencontre pas toujours en parlant ou en écrivant; il est vrai néanmoins qu'elle existe, que tout ce

(1) Selon les clefs, allusion à Fontenelle.
(2) *Dru*, fort, vigoureux.
(3) Fontenelle, dans un discours sur la nature de l'épopée, avait tiré de ses propres œuvres (*Poésies pastorales*, 1688) les règles et le modèle d'un genre que Théocrite et Virgile, à son avis, n'avaient pas compris.
(4) Boileau et Racine, selon toutes les clefs.
(5) *Estimer*, faire l'estimation d'une chose, l'apprécier. Cf. Boileau, *Art poétique*, I :

Faites-vous des amis prompts à vous censurer...

qui ne l'est point (1) est foible, et ne satisfait point un homme d'esprit qui veut se faire entendre.

20. Le plaisir de la critique nous ôte celui d'être vivement touchés de très belles choses (2).

24. *Arsène* (3), du plus haut de son esprit, contemple les hommes, et, dans l'éloignement d'où il les voit, il est comme effrayé de leur petitesse; loué, exalté, et porté jusqu'aux cieux par de certaines gens qui se sont promis de s'admirer réciproquement, il croit, avec quelque mérite qu'il a, posséder tout celui qu'on peut avoir, et qu'il n'aura jamais; occupé et rempli de ses sublimes idées, il se donne à peine le loisir de prononcer quelques oracles; élevé par son caractère au-dessus des jugements humains, il abandonne aux âmes communes le mérite d'une vie suivie et uniforme, et il n'est responsable de ses inconstances (4) qu'à ce cercle d'amis qui les idolâtrent (5) : eux seuls savent juger, savent penser, savent écrire, doivent écrire; il n'y a point d'autre ouvrage d'esprit si bien reçu dans le monde, et si universellement goûté des honnêtes gens (6), je ne dis pas qu'il veuille approuver, mais qu'il daigne lire : incapable d'être corrigé par cette peinture, qu'il ne lira point.

25. *Théocrine* sait des choses assez inutiles; il a des sentiments toujours singuliers; il est moins profond que

(1) Tout ce qui n'est pas cette expression que nous cherchons.

(2) « Moquons-nous de cette chicane où ils veulent assujettir le goût du public, et ne consultons dans une comédie que l'effet qu'elle fait sur nous. Laissons-nous aller de bonne foi aux choses qui nous prennent par les entrailles, et ne cherchons point de raisonnement pour nous empêcher d'avoir du plaisir. » (Molière, *la Critique de l'École des Femmes*, sc. 6.)

(3) Selon toute vraisemblance, le comte de Tréville. Cf. *le Misanthrope*, acte II, sc. 4 (631-648).

(4) « Quantité de mots abstraits qui ne sont plus usités qu'au singulier, s'employaient au pluriel, au XVIIe siècle, pour marquer la répétition des faits et des actes. » (Godefroy, *Lexique de la langue de Corneille*.)

(5) Cf. *Les Femmes savantes*, III, 2.

(6) Les gens bien élevés et d'un esprit cultivé.

méthodique, il n'exerce que sa mémoire ; il est abstrait (1), dédaigneux, et il semble toujours rire en lui-même de ceux qu'il croit ne le valoir pas. Le hasard fait que je lui lis mon ouvrage, il l'écoute. Est-il lu, il me parle du sien. « Et du vôtre, me direz-vous, qu'en pense-t-il ? » Je vous l'ai déjà dit, il me parle du sien.

31. Quand une lecture vous élève l'esprit, et qu'elle vous inspire des sentiments nobles et courageux (2), ne cherchez pas une autre règle pour juger de l'ouvrage ; il est bon, et fait de main d'ouvrier.

34. Le philosophe consume sa vie à observer les hommes, et il use ses esprits à en démêler les vices et le ridicule ; s'il donne quelque tour à ses pensées, c'est moins par une vanité d'auteur que pour mettre une vérité qu'il a trouvée dans tout le jour nécessaire pour faire l'impression qui doit servir à son dessein. Quelques lecteurs croient néanmoins le payer avec usure, s'ils disent magistralement qu'ils ont lu son livre, et qu'il y a de l'esprit ; mais il leur renvoie tous leurs éloges, qu'il n'a pas cherchés par son travail et par ses veilles. Il porte plus haut ses projets et agit pour une fin plus relevée : il demande des hommes un plus grand et un plus rare succès que les louanges, et même que les récompenses, qui est de les rendre meilleurs.

37. Je ne sais si l'on pourra jamais mettre dans les lettres plus d'esprit, plus de tour, plus d'agréments et plus de style que l'on en voit dans celles de Balzac et de Voiture ; elles sont vides de sentiments qui n'ont régné que depuis leur temps et qui doivent aux femmes leur naissance. Ce sexe va plus loin que le nôtre dans ce genre d'écrire. Elles trouvent sous leur plume des tours et des expressions qui souvent en

(1) *Abstrait*, synonyme de *distrait ;* signification commune : défaut d'attention avec cette différence que ce sont nos propres idées, nos méditations intérieures qui nous rendent abstraits, tandis que nous sommes distraits par les objets extérieurs qui nous attirent et nous détournent. (Guizot, *Synonymes.*)

(2) *Courage* et *cœur*, au xviie siècle, s'emploient souvent l'un pour l'autre.

nous ne sont l'effet que d'un long travail et d'une pénible recherche; elles sont heureuses dans le choix des termes, qu'elles placent si juste, que tout connus qu'ils sont, ils ont le charme de la nouveauté, et semblent être faits seulement pour l'usage où elles les mettent; il n'appartient qu'à elles de faire lire dans un seul mot(1) tout un sentiment, et de rendre délicatement une pensée qui est délicate; elles ont un enchaînement de discours(2) inimitable, qui se suit naturellement, et qui n'est lié que par le sens. Si les femmes étoient toujours correctes, j'oserois dire que les lettres de quelques-unes d'entre elles seroient peut-être ce que nous avons dans notre langue de mieux écrit (3).

38. Il n'a manqué à TÉRENCE que d'être moins froid : quelle pureté, quelle exactitude, quelle politesse, quelle élégance, quels caractères ! Il n'a manqué à MOLIÈRE que d'éviter le jargon et le barbarisme, et d'écrire purement (4) : quel feu, quelle naïveté, quelle source de la bonne plaisanterie, quelle imitation des mœurs, quelles images et quel fléau du ridicule ! Mais quel homme on aurait pu faire de ces deux comiques !

43. MAROT et RABELAIS sont inexcusables d'avoir semé l'ordure dans leurs écrits : tous deux avoient assez de génie et de nature pour pouvoir s'en passer, même à l'égard de ceux qui cherchent moins à admirer qu'à rire dans un auteur.

(1) Madame de Sévigné écrivait à sa fille : « Je suis toute à vous », et à ses connaissances : « Je suis tout à vous. »

(2) De style.

(3) « Gardez-vous bien de croire que quelqu'un ait écrit en français depuis le règne de Louis XIV ! La moindre femmelette de ce temps-là vaut mieux pour le langage que les Jean-Jacques, Diderot, d'Alembert, contemporains et postérieurs ; ceux-là sont tous ânes bâtés, sous le rapport de la langue, pour user d'une de leurs phrases. » (Paul-Louis Courier.)

(4) Cf. Fénelon, *Lettre sur les occupations de l'Académie*. VII, *Projet d'un traité sur la Comédie*; Vauvenargues, *Réflexions critiques sur quelques poètes*; M. Edmond Schérer, *Études sur la Critique contemporaine*, t. VIII, etc. Le roi demandant à Boileau quel était le plus grand écrivain de son temps : « Sire, c'est Molière », répondit le critique.

Rabelais surtout est incompréhensible : son livre est une énigme(1), quoi qu'on veuille dire, inexplicable ; c'est une chimère, c'est le visage d'une belle femme avec des pieds et une queue de serpent, ou de quelque autre bête plus difforme ; c'est un monstrueux assemblage de morale fine et ingénieuse, et d'une sale corruption. Où il est mauvais, il passe bien loin au delà du pire, c'est le charme de la canaille ; où il est bon, il va jusques à l'exquis et à l'excellent ; il peut être le mets des plus délicats.

54. CORNEILLE ne peut être égalé dans les endroits où il excelle ; il a pour lors un caractère original et inimitable ; mais il est inégal. Ses premières comédies(2) sont sèches, languissantes, et ne laissoient pas espérer qu'il dût ensuite aller si loin ; comme ses dernières font qu'on s'étonne qu'il ait pu tomber de si haut. Dans quelques-unes de ses meilleures pièces, il y a des fautes inexcusables contre les mœurs(3), un style de déclamateur (4) qui arrête l'action et la fait languir, des négligences dans les vers et dans l'expression qu'on ne peut comprendre en un si grand homme. Ce qu'il y a eu en lui de plus éminent c'est l'esprit, qu'il avoit sublime, auquel il a été redevable de certains vers, les plus heureux qu'on ait jamais lus ailleurs(5), de la conduite de son théâtre, qu'il a quelquefois hasardée contre les règles des anciens(6), et enfin de ses dénoûments, car il ne s'est pas toujours assujetti au goût des Grecs et à leur grande simpli-

(1) Enigme inexplicable. Cf. Faguet, *Études littéraires sur le XVIe siècle : Rabelais.*

(2) Le mot signifie toute espèce de poème dramatique.

(3) Les mœurs dramatiques qui exigent qu'un personnage agisse d'une façon conforme à son caractère et à sa situation.

(4) Cf. *Des ouvrages de l'Esprit*, n° 8.

(5) Racine disait à son fils : « Corneille fait des vers cent fois plus beaux que les miens. »

(6) « Il faut convenir que la *Poétique* d'Aristote est un excellent ouvrage ; cependant il n'y a rien d'assez parfait pour régler toutes les nations et tous les siècles. Descartes et Gassendi ont découvert des vérités qu'Aristote ne connaissait pas ; Corneille a trouvé des beautés de théâtre qui n'étaient pas connues. »(Saint-Evremont.)

cité : il a aimé au contraire à charger la scène d'événements dont il est presque toujours sorti avec succès; admirable surtout par l'extrême variété et le peu de rapport qui se trouve pour le dessein entre un si grand nombre de poëmes qu'il a composés. Il semble qu'il y ait plus de ressemblance dans ceux de RACINE(1) et qu'ils tendent un peu plus à une même chose; mais il est égal, soutenu, toujours le même partout, soit pour le dessein et la conduite de ses pièces, qui sont justes, régulières, prises dans le bon sens et dans la nature, soit pour la versification, qui est correcte, riche dans ses rimes, élégante, nombreuse, harmonieuse : exact imitateur des anciens, dont il a suivi scrupuleusement la netteté et la simplicité de l'action ; à qui le grand et le merveilleux n'ont pas même manqué, non plus qu'à Corneille ni le touchant ni le pathétique. Quelle plus grande tendresse que celle qui est répandue dans le *Cid*, dans *Polyeucte* et dans *les Horaces*? Quelle grandeur ne se remarque point en Mithridate, en Porus, en Burrhus? Ces passions encore favorites des anciens, que les tragiques aimoient à exciter sur les théâtres, et qu'on nomme la terreur et la pitié, ont été connues de ces deux poëtes : Oreste, dans l'*Andromaque* de Racine, et Phèdre du même auteur, comme l'*Œdipe* et *les Horaces* de Corneille en sont la preuve. Si cependant il est permis de faire entre eux quelque comparaison, et les marquer l'un et l'autre par ce qu'ils ont eu de plus propre et par ce qui éclate le plus ordinairement dans leurs ouvrages, peut-être qu'on pourroit parler ainsi : « Corneille nous assujettit à ses caractères et à ses idées, Racine se conforme aux nôtres; celui-là peint les hommes comme ils devroient être(2), celui-ci les peint tels qu'ils sont. Il y a plus dans le premier de ce que l'on admire, et de ce que l'on

(1) La secrète préférence, que La Bruyère laisse ici percer pour Racine, se déclarera dans son *Discours de réception à l'Académie française*.

(2) « Corneille, a dit Voltaire, vieux Romain parmi les Français, a établi sur le théâtre une école de grandeur d'âme. »

doit même imiter; il y a plus dans le second de ce que l'on reconnoît dans les autres, ou de ce que l'on éprouve dans soi-même. L'un élève, étonne, maîtrise, instruit ; l'autre plaît, remue, touche, pénètre. Ce qu'il y a de plus beau, et de plus noble et de plus impétueux dans la raison, est manié par le premier; et par l'autre, ce qu'il y a de plus flatteur et de plus délicat dans la passion. Ce sont dans celui-là des maximes, des règles, des préceptes; et dans celui-ci du goût et des sentiments. L'on est plus occupé aux pièces de Corneille; l'on est plus étonné et plus attendri à celles de Racine. Corneille est plus moral, Racine plus naturel. Il semble que l'un imite SOPHOCLE, et que l'autre doit plus à EURIPIDE (1). »

55. Le peuple appelle éloquence la facilité que quelques-uns ont de parler seuls et longtemps, jointe à l'emportement du geste, à l'éclat de la voix, et à la force des poumons (2). Les pédants ne l'admettent aussi que dans le discours oratoire, et ne la distinguent pas de l'entassement des figures, de l'usage des grands mots et de la rondeur des périodes.

Il semble que la logique est l'art de convaincre de quelque vérité; et l'éloquence un don de l'âme, lequel nous rend maîtres du cœur et de l'esprit des autres; qui fait que nous leur inspirons ou que nous leur persuadons tout ce qui nous plaît (3).

L'éloquence peut se trouver dans tous les entretiens et dans tout genre d'écrire. Elle est rarement où on la cherche,

(1) Racine diffère d'Euripide et Corneille ne rappelle guère Sophocle. Cf. Patin, *Etudes sur les tragiques grecs*.

(2) « La véritable éloquence est bien différente de cette facilité naturelle de parler, qui n'est qu'un talent, une qualité accordée à tous ceux dont les passions sont fortes, les organes souples et l'imagination prompte. Ces hommes sentent vivement, s'affectent de même, le marquent fortement au dehors... C'est le corps qui parle au corps... Que faut-il pour émouvoir la multitude et l'entraîner? Un ton véhément et pathétique, des gestes expressifs et fréquents, des paroles rapides et sonnantes. » (Buffon, *Discours sur le style.*)

(3) Différence bien définie entre l'art de convaincre et le don de persuader.

et elle est quelquefois où on ne la cherche point (1).

57. L'on n'écrit que pour être entendu; mais il faut du moins en écrivant faire entendre de belles choses. L'on doit avoir une diction pure, et user de termes qui soient propres, il est vrai; mais il faut que ces termes si propres expriment des pensées nobles, vives, solides, et qui renferment un très-beau sens. C'est faire de la pureté et de la clarté du discours un mauvais usage que de les faire servir à une matière aride, infructueuse, qui est sans sel, sans utilité, sans nouveauté (2).

Que sert aux lecteurs de comprendre aisément et sans peine des choses frivoles et puériles, quelquefois fades et communes, et d'être moins incertains de la pensée d'un auteur qu'ennuyés de son ouvrage (3)?

60. L'on écrit régulièrement depuis vingt années; l'on est esclave de la construction; l'on a enrichi la langue de nouveaux mots, secoué le joug du latinisme, et réduit le style à la phrase purement françoise; l'on a presque retrouvé le nombre que Malherbe et Balzac avoient les premiers rencontré, et que tant d'auteurs depuis eux ont laissé perdre; l'on a mis enfin dans le discours tout l'ordre et toute la netteté dont il est capable : cela conduit insensiblement à y mettre de l'esprit.

62. Il y a des esprits, si je l'ose dire, inférieurs et subalternes, qui ne semblent faits que pour être le recueil, le registre, ou le magasin de toutes les productions des autres génies : ils sont plagiaires, traducteurs, compilateurs (4);

(1) Cf. Pascal, *Pensées*, VIII, 34.
(2) « Les choses communes font regretter le temps qu'on met à les lire... Celles qui sont finement pensées donnent à un lecteur délicat le plaisir de son intelligence et de son goût. » (Saint-Évremont.)
(3) Cf. Fénelon, *Lettre à l'Académie : Projet de poétique.*

L'abbé Trublet avait alors la rage
D'être à Paris un petit personnage.
Au peu d'esprit que le bonhomme avait,
L'esprit d'autrui par supplément servait.

ils ne pensent point, ils disent ce que les auteurs ont pensé; et comme le choix des pensées est invention, ils l'ont mauvais, peu juste, et qui les détermine plutôt à rapporter beaucoup de choses, que d'excellentes choses; ils n'ont rien d'original et qui soit à eux; ils ne savent que ce qu'ils ont appris, et ils n'apprennent que ce que tout le monde veut bien ignorer, une science vaine, aride, dénuée d'agréments et d'utilité, qui ne tombe point dans la conversation (1), qui est hors de commerce, semblable à une monnoie qui n'a point de cours : on est tout à la fois étonné de leur lecture et ennuyé de leur entretien ou de leurs ouvrages. Ce sont ceux que les grands et le vulgaire confondent avec les savants, et que les sages renvoient au pédantisme.

65. Un homme né chrétien et François se trouve contraint dans la satire, les grands sujets lui sont défendus ; il les entame quelquefois, et se détourne ensuite sur de petites choses, qu'il relève par la beauté de son génie et de son style (2).

68. Il ne faut point mettre un ridicule où il n'y en a point : c'est se gâter le goût, c'est corrompre son jugement

Il entassait adage sur adage,
Il compilait, compilait, compilait;
On le voyait sans cesse écrire, écrire,
Ce qu'il avait jadis entendu dire,
Et nous lassait, sans jamais nous lasser.
Il me choisit pour l'aider à penser;
Trois mois entiers ensemble nous pensâmes,
Lûmes beaucoup et rien n'imaginâmes.

(Voltaire.)

(1) Pascal, *Pensées*, VI, 23 : « J'avais passé longtemps dans l'étude des sciences abstraites, et le peu de communication qu'on en peut avoir m'en avait dégoûté. »

(2) D'après M. Havet, La Bruyère fait allusion à Boileau : « 1° C'était nommer Boileau que de nommer la satire; 2° Boileau ne traite pas les grands sujets ; 3° Boileau dit tout, choses communes ou petites choses, excellemment et en vers achevés. » Mais, dit Sainte-Beuve, « s'il songeait surtout à Boileau en parlant ainsi, il devait par contre-coup songer un peu à lui-même, et à ces grands sujets qui lui étaient défendus. Il les sonde d'un mot, mais il faut aussitôt qu'il s'en retire. »

et celui des autres; mais le ridicule qui est quelque part, il faut l'y voir, l'en tirer avec grâce, et d'une manière qui plaise et qui instruise.

69. HORACE ou DESPRÉAUX l'a dit avant vous. — Je le crois sur votre parole; mais je l'ai dit comme mien. Ne puis-je pas penser après eux une chose vraie, et que d'autres encore penseront après moi (1)?

(1) Cf. La même pensée, au début du chapitre *Des Ouvrages de l'esprit* : « La vérité et la raison sont communes à un chascun, et ne sont non plus à qui les a dictes premièrement qu'à qui les dict après ; ce n'est non plus selon Platon que selon moy, puisque luy et moy l'entendons et voyons de mesme. » (Montaigne, *Essais*, I, 25.)

Rien n'appartient à rien, tout appartient à tous.
Il faut être ignorant comme un maître d'école
Pour se flatter de dire une seule parole
Que personne ici-bas n'ait pu dire avant vous.
C'est imiter quelqu'un que de planter des choux.

(A. de Musset).

DU MÉRITE PERSONNEL

4. Quelle horrible peine à (1) un homme qui est sans prôneurs et sans cabale, qui n'est engagé dans aucun corps, mais qui est seul, et qui n'a que beaucoup de mérite pour toute recommandation, de se faire jour à travers l'obscurité où il se trouve, et de venir au niveau d'un fat qui est en crédit (2) !

6. Le génie et les grands talents manquent souvent, quelquefois aussi les seules occasions : tels peuvent être loués de ce qu'ils ont fait, et tels de ce qu'ils auroient fait (3).

7. Il est moins rare de trouver de l'esprit que des gens qui se servent du leur, ou qui fassent valoir celui des autres et le mettent à quelque usage (4).

(1) *A* signifiant *pour*.

(2) « On ne sait qu'imparfaitement comment La Bruyère vécut jusqu'à trente-six ans, livré sans doute à cette horrible peine de se faire jour » qu'il a indiquée en passant d'un trait si sobre et si vif au début de son chapitre sur le *Mérite personnel*. Se faire jour pour lui ne fut autre chose que d'être appelé à enseigner l'histoire au petit-fils du grand Condé. » (Prévost-Paradol, *Etudes sur les Moralistes français*.)

« *Je m'en irai sans avoir déballé ma marchandise*, et comme on ne m'a jamais mis en œuvre, on ne saura point si j'étais propre à quelque chose ; je ne le saurai pas moi-même ; je m'en doute pourtant, et, croyant me sentir des talents, il y a eu des temps dans ma vie où je me suis trouvé affligé en songeant qu'ils étaient perdus et en les comparant avec ceux des personnes à qui je voyais occuper les premières places. » (Marquis de Lassay, *Recueil de différentes choses*).

(3) « Les petits sont quelquefois chargés de mille vertus inutiles, ils n'ont pas de quoi les mettre en œuvre. » (La Bruyère, *De l'Homme*, 93.)

(4) Cf. *De la Société et de la Conversation*, 16.

10. Que faire d'*Hégésippe*, qui demande un emploi? Le mettra-t-on dans les finances, ou dans les troupes? Cela est indifférent, et il faut que ce soit l'intérêt seul qui en décide; car il est aussi capable de manier de l'argent, ou de dresser des comptes, que de porter les armes. « Il est propre à tout », disent ses amis, ce qui signifie toujours qu'il n'a pas plus de talent pour une chose que pour une autre, ou, en d'autres termes, qu'il n'est propre à rien. Ainsi la plupart des hommes occupés d'eux seuls dans leur jeunesse, corrompus par la paresse ou par le plaisir, croient faussement dans un âge plus avancé qu'il leur suffit d'être inutiles ou dans l'indigence, afin que (1) la république (2) soit engagée à les placer ou à les secourir; et ils profitent rarement de cette leçon si importante que les hommes devroient employer les premières années de leur vie à devenir tels par leurs études et par leur travail que la république elle-même eût besoin de leur industrie et de leurs lumières, qu'ils fussent comme une pièce nécessaire à tout son édifice, et qu'elle se trouvât portée par ses propres avantages à faire leur fortune ou à l'embellir.

Nous devons travailler à nous rendre très dignes de quelque emploi : le reste ne nous regarde point, c'est l'affaire des autres.

12. Il faut en France beaucoup de fermeté et une grande étendue d'esprit pour se passer des charges et des emplois, et consentir ainsi à demeurer chez soi, et à ne rien faire (3). Personne presque n'a assez de mérite pour jouer ce rôle avec dignité, ni assez de fond pour remplir le vide du temps (4), sans ce que le vulgaire appelle des affaires. Il ne manque cependant à l'oisiveté du sage qu'un meilleur nom,

(1) Afin que, pour que.
(2) La chose publique, l'État.
(3) A n'avoir point d'occupations déterminées, de besogne qui fasse violence à nos goûts.
(4) Cf. Pascal, *Pensées*, IV.

et que méditer, parler, lire et être tranquille s'appelât travailler.

15. Un honnête homme se paye par ses mains de l'application qu'il a à son devoir par le plaisir qu'il sent à le faire, et se désintéresse sur (1) les éloges, l'estime et la reconnaissance qui lui manquent quelquefois.

17. La modestie est au mérite ce que les ombres sont aux figures dans un tableau : elle lui donne de la force et du relief. . . . .

Certains hommes, contents d'eux-mêmes, de quelque action ou de quelque ouvrage qui ne leur a pas mal réussi, et ayant ouï dire que la modestie sied bien aux grands hommes, osent être modestes, contrefont les simples et les naturels : semblables à ces gens d'une taille médiocre qui se baissent aux portes, de peur de se heurter.

19. Il ne faut regarder dans ses amis que la seule vertu qui nous attache à eux, sans aucun examen de leur bonne ou de leur mauvaise fortune; et quand on se sent capable de les suivre dans leur disgrâce, il faut les cultiver hardiment et avec confiance jusque dans leur plus grande prospérité.

27. L'or éclate, dites-vous, sur les habits de *Philémon*. Il éclate de même chez les marchands. — Il est habillé des plus belles étoffes. — Le sont-elles moins (2) toutes déployées dans les boutiques et à la pièce? — Mais la broderie et les ornements y ajoutent encore la magnificence. — Je loue donc le travail de l'ouvrier. — Si on lui demande quelle heure il est, il tire une montre qui est un chef-d'œuvre; la garde de son épée est un onyx (3); il a au doigt un gros diamant qu'il fait briller aux yeux, et qui est parfait; il ne lui manque aucune de ces curieuses bagatelles que l'on porte sur soi autant pour la vanité que pour

(1) *Sur* dépend du substantif et signifie relativement *à*, *touchant*. L'emploi de cette préposition après un substantif, un adjectif et un verbe était alors plus étendu qu'aujourd'hui.
(2) Sont-elles moins belles quand on les voit toutes déployées?
(3) Onyx. Agate. (Note de La Bruyère.)

l'usage, et il ne se plaint (1) non plus toute sorte de parure qu'un jeune homme qui a épousé une riche vieille. — Vous m'inspirez enfin de la curiosité ; il faut voir du moins des choses si précieuses : envoyez-moi cet habit et ces bijoux de Philémon : je vous quitte (2) de la personne.

Tu te trompes, Philémon, si avec ce carrosse brillant, ce grand nombre de coquins qui te suivent, et ces six bêtes qui te traînent, tu penses que l'on t'en estime davantage : l'on écarte tout cet attirail qui t'est étranger, pour pénétrer jusques à toi (3), qui n'es qu'un fat.

Ce n'est pas qu'il faut quelquefois pardonner (4) à celui qui, avec un grand cortège, un habit riche et un magnifique équipage, s'en croit plus de naissance et plus d'esprit : il lit cela dans la contenance et dans les yeux de ceux qui lui parlent.

32. *Æmile* (5) étoit né ce que les plus grands hommes ne deviennent qu'à force de règles, de méditation et d'exercice. Il n'a eu dans ses premières années qu'à remplir (6) des talents qui étoient naturels, et qu'à se livrer à son génie. Il a fait, il a agi, avant que de savoir, ou plutôt il a su ce qu'il n'avoit jamais appris. Dirai-je que les jeux de son enfance ont été plusieurs victoires? Une vie accompagnée d'un extrême bonheur joint à une longue expérience seroit illustrée par les seules actions qu'il avoit achevées dès sa jeunesse (7). Toutes les occasions de vaincre qui se

(1) Il ne se prive pas, il ne se refuse pas.
(2) Je vous tiens quitte.
(3) « Ne t'enorgueillis d'aucun avantage qui soit à autrui. Si un cheval disait avec orgueil : « Je suis beau », ce serait supportable ; mais toi, quand tu dis avec orgueil : « J'ai un beau cheval », apprends que tu t'enorgueillis d'un avantage qui appartient au cheval ». Epictète, *Manuel*, *Maximes*, 6.
(4) Cf. *Des biens de Fortune*, 3.
(5) Le grand Condé.
(6) Dans le sens de remplir des espérances.
(7) C'est de vingt-deux à vingt-sept ans que Condé gagna les victoires de Rocroy (1643), de Fribourg (1644), de Nordlingen (1645) et de Lens (1648).

sont depuis offertes, il les a embrassées; et celles qui n'étoient pas (1), sa vertu et son étoile les ont fait naître : admirable même et par les choses qu'il a faites, et par celles qu'il auroit pu faire. On l'a regardé comme un homme incapable de céder à l'ennemi, de plier sous le nombre ou sous les obstacles; comme une âme du premier ordre, pleine de ressources et de lumières, et qui voyoit encore où personne ne voyoit plus; comme celui qui, à la tête des légions, étoit pour elles un présage de la victoire, et qui valoit seul plusieurs légions; qui étoit grand dans la prospérité, plus grand quand la fortune lui a été contraire (la levée d'un siège, une retraite, l'ont plus ennobli (2) que ses triomphes; l'on ne met qu'après les batailles gagnées et les villes prises); qui étoit rempli de gloire et de modestie; on lui a entendu dire : *Je fuyois*, avec la même grâce qu'il disoit : *Nous les battîmes;* un homme dévoué à l'État, à sa famille, au chef de sa famille; sincère pour Dieu et pour les hommes, autant admirateur du mérite que s'il lui eût été moins propre et moins familier; un homme vrai, simple, magnanime, à qui il n'a manqué que les moindres vertus (3).

37. Il n'y a rien de si délié, de si simple et de si imperceptible, où il n'entre des manières qui nous décèlent. Un sot ni n'entre, ni ne sort, ni ne s'assied, ni ne se lève, ni ne se tait, ni n'est sur ses jambes, comme un homme d'esprit.

39. *Celse* est d'un rang médiocre, mais des grands le souffrent; il n'est pas savant, il a peu de mérite, mais il

(1) Les batailles où Condé a pris l'offensive.

(2) S'agit-il de la levée du siège de Lérida (1647), ou de la levée du siège d'Arras (1654)? « Ce fut une victoire que le prince de Condé gagna sur lui-même (à Lérida), d'autant plus belle qu'il considéra le bien de l'État plus que sa propre réputation. » (Bussy-Rabutin, *Mémoires.*)

(3) Allusion à son humeur inégale et irascible.

(Cet éloge a paru dans la 7e édition, en 1692. Quinze ans auparavant, Bossuet avait prononcé l'oraison funèbre du prince de Condé. Le texte de Bossuet est le plus exact et le plus éloquent commentaire du portrait d'Æmile.)

connoît des gens qui en ont beaucoup; il n'est pas habile, mais il a une langue qui peut servir de truchement, et des pieds qui peuvent le porter d'un lieu à un autre. C'est un homme né pour les allées et venues, pour écouter des propositions et les rapporter, pour en faire d'office (1), pour aller plus loin que sa commission et en être désavoué, pour réconcilier des gens qui se querellent à leur première entrevue; pour réussir dans une affaire et en manquer mille, pour se donner toute la gloire de la réussite, et pour détourner sur les autres la haine d'un mauvais succès (2). Il sait les bruits communs, les historiettes de la ville; il ne fait rien, il dit ou il écoute ce que les autres font, il est nouvelliste; il sait même le secret des familles : il entre dans de plus hauts mystères : il vous dit pourquoi celui-ci a été exilé, et pourquoi on rappelle cet autre; il connoît le fond et les causes de la brouillerie des deux frères (3), et de la rupture des deux ministres (4). N'a-t-il pas prédit aux premiers les tristes suites de leur mésintelligence? N'a-t-il pas dit de ceux-ci que leur union ne seroit pas longue? N'étoit-il pas présent à de certaines paroles qui furent dites? N'entra-t-il pas dans une espèce de négociation? Le voulut-on croire? fut-il écouté? A qui parlez-vous de ces choses? Qui a eu plus de part que Celse à toutes ces intrigues de cour? Et si cela n'étoit ainsi, s'il ne l'avoit du moins ou rêvé ou imaginé, songeroit-il à vous le faire croire? auroit-il l'air important et mystérieux d'un homme revenu d'une ambassade?

40. *Ménippe* (5) est l'oiseau paré de divers plumages

(1) Sans en être chargé.

(2) La haine, ce qu'il y a d'odieux, l'odieux. « S'il y avoit quelque bataille perdue, s'il y avoit quelque inondation ou quelque sécheresse, on les chargeoit (les chrétiens) de la haine de toutes ces calamités publiques. » (Bossuet, *Précis d'un deuxième panégyrique de saint Gorgon.*)

(3) Claude et Michel le Pelletier, conseillers d'État.

(4) Louvois et Seignelay.

(5) Le maréchal de Villeroi. A la date où La Bruyère peignait son Ménippe, Villeroi n'était pas encore connu comme général.

qui ne sont pas à lui. Il ne parle pas, il ne sent pas; il répète des sentiments et des discours, se sert même si naturellement de l'esprit des autres qu'il y est le premier trompé, et qu'il croit souvent dire son goût ou expliquer sa pensée, lorsqu'il n'est que l'écho de quelqu'un qu'il vient de quitter. C'est un homme qui est de mise (1) un quart d'heure de suite, qui le moment d'après baisse, dégénère, perd le peu de lustre qu'un peu de mémoire lui donnoit, et montre la corde. Lui seul ignore combien il est au-dessous du sublime et de l'héroïque; et incapable de savoir jusqu'où l'on peut avoir de l'esprit, il croit naïvement que ce qu'il en a est tout ce que les hommes en sauroient avoir : aussi a-t-il l'air et le maintien de celui qui n'a rien à désirer sur ce chapitre et ne porte envie à personne. Il se parle souvent à soi-même, et il ne s'en cache pas, ceux qui passent le voient, et qu'il (2) semble toujours prendre un parti, ou décider qu'une telle chose est sans réplique. Si vous le saluez quelquefois, c'est le jeter dans l'embarras de savoir s'il doit rendre le salut ou non; et pendant qu'il délibère, vous êtes déjà hors de portée. Sa vanité l'a fait honnête homme, l'a mis au-dessus de lui-même, l'a fait devenir ce qu'il n'étoit pas. L'on juge, en le voyant, qu'il n'est occupé que de sa personne; qu'il sait que tout lui sied bien, et que sa parure est assortie; qu'il croit que tous les yeux sont ouverts sur lui, et que les hommes se relayent pour le contempler (3).

(1) De mise, qualité d'une monnaie qui a cours. Fig. et familièrement, de mise, qui est reçu, accepté, qui trouve faveur, en parlant des personnes.

(2) Construction irrégulière, mais familière à l'auteur... « Ceux qui passent (le) voient qu'il se parle à lui-même et qu'il...

(3) Saint-Simon a fait de Villeroi le portrait suivant : « Toute sa vie nourri et vivant dans le plus grand monde; fils du gouverneur du roi, élevé avec lui dans sa familiarité dès leur première jeunesse, parfaitement au fait des intrigues de la cour et de la ville, dont il savait amuser le roi qu'il connaissait à fond, et des faiblesses duquel il sut profiter. Il était magnifique en tout, fort noble dans toutes ses manières, grand et beau joueur sans se soucier du jeu, point méchant gratuitement, tout le langage et les façons d'un grand seigneur et d'un homme pétri de la cour, glorieux à l'excès par nature, bas aussi à l'excès pour

42. La fausse grandeur est farouche et inaccessible : comme elle sent son foible, elle se cache, ou du moins ne se montre pas de front, et ne se fait voir qu'autant qu'il faut pour imposer et ne paroître point ce qu'elle est, je veux dire une vraie petitesse. La véritable grandeur est libre, douce, familière, populaire; elle se laisse toucher et manier, elle ne perd rien à être vue de près, plus on la connoît, plus on l'admire. Elle se courbe par bonté vers ses inférieurs, et revient sans effort dans son naturel; elle s'abandonne quelquefois, se néglige, se relâche de ses avantages, toujours en pouvoir de les reprendre et de les faire valoir; elle rit, joue et badine, mais avec dignité; on l'approche tout ensemble avec liberté et avec retenue. Son caractère est noble et facile, inspire le respect et la confiance, et fait que les princes nous paroissent grands et très grands, sans nous faire sentir que nous sommes petits (1).

peu qu'il en eût besoin, et à l'égard du roi et de Mme de Maintenon, valet à tout faire, il avait cet esprit de la cour et du monde que le grand usage donne, et que les intrigues et les vues aiguisent, avec ce jargon qu'on y apprend, qui n'a que le tuf, mais qui éblouit les sots, et que l'habitude de la familiarité du roi, de la faveur, des distinctions, du commandement, rendait plus brillant, et dont la fatuité suprême faisait tout le fond, c'était un homme fait exprès pour présider à un bal, pour être le juge d'un carrousel, et, s'il avait eu de la voix, pour chanter à l'Opéra les rôles de rois et de héros; fort propre encore à donner les modes et rien du tout au delà. »

(1) « Est-ce là celui qui forçait les villes et qui gagnait les batailles? Quoi! il semble oublier le haut rang qu'on lui a vu si bien défendre! Reconnaissez le héros qui, toujours égal à lui-même, sans se hausser pour paraître grand, sans s'abaisser pour paraître civil et obligeant, se trouve tout naturellement tout ce qu'il doit être envers tous les hommes. » (Bossuet, *Oraison funèbre du prince de Condé.*)

DU COEUR

35. Il devroit y avoir dans le cœur des sources inépuisables de douleur pour de certaines pertes. Ce n'est guère par vertu ou par force d'esprit que l'on sort d'une grande affliction : l'on pleure amèrement, et l'on est sensiblement touché; mais l'on est ensuite si foible ou si léger que l'on se console (1).

41. Quelque désintéressement qu'on ait à l'égard de ceux qu'on aime, il faut quelquefois se contraindre pour eux et avoir la générosité de recevoir (2).

Celui-là peut prendre, qui goûte un plaisir aussi délicat à recevoir que son ami en sent à lui donner.

45. Il y a du plaisir à rencontrer les yeux de celui à qui l'on vient de donner (3).

47. La libéralité consiste moins à donner beaucoup qu'à donner à propos (4).

57. Il est doux de voir ses amis par goût et par estime; il est pénible de les cultiver par intérêt; c'est *solliciter*.

(1) « Nous nous consolons souvent par faiblesse des maux dont la raison n'a pas la force de nous consoler. » (La Rochefoucauld, *Max.*, 325.) Cf. Pascal, *Pensées*, article IV.

(2) « Les caractères généreux acceptent sans embarras en pensant qu'ils donnent le bonheur de donner. » (Comtesse Diane, *Maximes de la vie.*)

(3) « Rien ne remercie mieux que le bonheur de celui qu'on a obligé. » (Comtesse Diane, *Maximes de la vie.*)

(4) « Assez de gens méprisent le bien, mais peu de gens savent le donner. » (La Rochefoucauld, *Maximes*, 301.)

63. Il faut rire avant que d'être heureux, de peur de mourir sans avoir ri.

68. Comme nous nous affectionnons de plus en plus aux personnes à qui nous faisons du bien (1), de même nous haïssons violemment ceux que nous avons beaucoup offensés (2).

72. Toutes les passions sont menteuses : elles se déguisent autant qu'elles le peuvent aux yeux des autres ; elles se cachent à elles-mêmes. Il n'y a point de vice qui n'ait une fausse ressemblance avec quelque vertu, et qui ne s'en aide (3).

78. L'on est plus sociable et d'un meilleur commerce par le cœur que par l'esprit (4).

82. Il y a des lieux que l'on admire, il y en a d'autres qui touchent (5) et où l'on aimeroit à vivre.

Il me semble que l'on dépend des lieux pour l'esprit, l'humeur, la passion, le goût et les sentiments.

85. Il y a quelquefois dans le cours de la vie de si chers plaisirs et de si tendres engagements que l'on nous défend,

(1) Cf. Labiche, *le Voyage de Monsieur Perrichon.*

(2) « Nous pardonnons souvent à ceux qui nous ennuient, mais nous ne pouvons pardonner à ceux que nous ennuyons. » (La Rochefoucauld, 304.) Cf. La Bruyère, *De l'Homme*, 10. « Le commun des hommes va de la colère à l'injure. Quelques-uns en usent autrement : ils offensent, et puis ils se fâchent.... »

(3) « Les passions les plus à craindre ne sont pas celles qui, en nous faisant une guerre ouverte, nous avertissent de nous mettre en défense.... Il faut plutôt redouter celles dont l'illusion trompe au lieu de contraindre, et nous fait faire, sans le savoir, autre chose que ce que nous voulons. » (J.-J. Rousseau.)

(4) « La confiance fournit plus à la conversation que l'esprit. » (La Rochefoucauld, *Maximes*, 421.)

(5) Objets inanimés, avez-vous donc une âme
Qui s'attache à notre âme et la force d'aimer ?

(Lamartine.)

Toucher. Pris au figuré, ce mot avait au XVIIe siècle plus de valeur qu'aujourd'hui : il exprimait une impression forte causée à l'âme. Cf. La Fontaine, VIII, 15 ; XII, 27.

qu'il est naturel de désirer du moins qu'ils fussent permis : de si grands charmes ne peuvent être surpassés que par celui de savoir y renoncer par vertu (1).

(1) « Faut-il voir, dit Prévost-Paradol, la raison du célibat de La Bruyère dans quelque inclination sans remède et sans espérance, comme il semble l'indiquer ici d'une façon si délicate... ? Il est possible qu'il ait aimé quelque personne au-dessus de lui par le rang et au-dessous de lui par le cœur, ou quelqu'un qui méritait de lui inspirer ce sentiment, mais qui, selon les idées du temps, ne pouvait y répondre et s'y laisser aller sans déchoir. »

DE LA SOCIÉTÉ
ET
DE LA CONVERSATION

---

1. Un caractère bien fade est celui de n'en avoir aucun.

5. Si l'on faisoit un sérieuse attention à tout ce qui se dit de froid, de vain et de puéril dans les entretiens ordinaires, l'on auroit honte de parler ou d'écouter, et l'on se condamneroit peut-être à un silence perpétuel, qui seroit une chose pire dans le commerce que les discours inutiles. Il faut donc s'accommoder à tous les esprits (1), permettre comme un mal nécessaire le récit de fausses nouvelles, les vagues réflexions sur le gouvernement (2) présent ou sur l'intérêt des princes, le débit des beaux sentiments, et qui reviennent toujours les mêmes; il faut laisser *Aronce* parler proverbe, et *Mélinde* parler de soi, de ses vapeurs, de ses migraines et de ses insomnies.

7. Que dites-vous? Comment? Je n'y suis pas; vous

(1) « Je prends, tout doucement, les hommes comme ils sont. » (*Le Misanthrope*, I, 1, V. 163.)

« Il est souvent plus court et plus utile de cadrer aux autres que de faire que les autres s'ajustent à nous. » (La Bruyère, *De la Société et de la Conversation*, 48.)

(2) Au temps de La Bruyère, la conversation sur la politique ne pouvait guère être que le bavardage de Démophile ou de Basilide. Cf. *Du Souverain ou de la République*, 10.

plairoit-il de recommencer? J'y suis encore moins. Je devine enfin : vous voulez, *Acis*, me dire qu'il fait froid; que ne disiez-vous : « Il fait froid? » Vous voulez m'apprendre qu'il pleut ou qu'il neige: dites : « Il pleut, il neige. » Vous me trouvez bon visage, et vous désirez de m'en féliciter; dites : « Je vous trouve bon visage. » — Mais, répondez-vous, cela est bien uni et bien clair; et d'ailleurs qui ne pourroit pas en dire autant? — Qu'importe, Acis? Est-ce un si grand mal d'être entendu quand on parle, et de parler comme tout le monde? Une chose vous manque, Acis, à vous et à vos semblables les diseurs de *phébus;* vous ne vous en défiez point, et je vais vous jeter dans l'étonnement : une chose vous manque, c'est l'esprit. Ce n'est pas tout : il y a en vous une chose de trop, qui est l'opinion d'en avoir plus que les autres; voilà la source de votre pompeux *galimatias* (1), de vos phrases embrouillées, et de vos grands mots qui ne signifient rien (2). Vous abordez cet homme, ou vous entrez dans cette chambre; je vous tire par votre habit, et vous dis à l'oreille : « Ne songez point à avoir de l'esprit, n'en ayez point, c'est votre rôle; ayez, si vous pouvez, un langage simple, et tel que l'ont ceux en qui vous ne trouvez aucun esprit; peut-être alors croira-t-on que vous en avez. »

9. *Arrias* a tout lu, a tout vu, il veut le persuader ainsi; c'est un homme universel, et il se donne pour tel : il aime mieux mentir que de se taire ou de paroître ignorer quelque chose. On parle à la table d'un grand d'une cour du Nord :

(1) « Le galimatias n'est pas nécessairement du phébus; et le phébus n'est pas nécessairement du galimatias. Le galimatias implique toujours quelque chose de confus et qui ne se comprend pas. Le phébus implique quelque chose de dit avec une emphase déplacée et de grands mots où il n'en faudrait que de simples. » (Littré, *Dict.*)

(2) Cf. *les Plaideurs*, III, 3 (706-708) :

PETIT-JEAN

Eh! faut-il tant tourner autour du pot...?
Ils me font dire aussi des mots longs d'une toise,
De grands mots qui tiendraient d'ici jusqu'à Pontoise.

il prend la parole, et l'ôte à ceux qui alloient dire ce qu'ils en savent ; il s'oriente dans cette région lointaine comme s'il en étoit originaire ; il discourt des mœurs de cette cour, des femmes du pays, de ses lois et de ses coutumes ; il récite (1) des historiettes qui y sont arrivées ; il les trouve plaisantes, et il en rit le premier jusqu'à éclater. Quelqu'un se hasarde de (2) le contredire, et lui prouve nettement qu'il dit des choses qui ne sont pas vraies. Arrias ne se trouble point, prend feu au contraire contre l'interrupteur : « Je n'avance, lui dit-il, je ne raconte rien que je ne sache d'original : je l'ai appris de *Sethon*, ambassadeur de France dans cette cour, revenu à Paris depuis quelques jours, que je connois familièrement, que j'ai fort interrogé, et qui ne m'a caché aucune circonstance. » Il reprenoit le fil de sa narration avec plus de confiance qu'il ne l'avoit commencée, lorsque l'un des conviés lui dit : « C'est Sethon à qui vous parlez, lui-même, et qui arrive de son ambassade (3). »

10. Il y a un parti à prendre dans les entretiens entre une certaine paresse qu'on a de parler, ou quelquefois un esprit abstrait (4), qui, nous jetant loin du sujet de la conversation, nous fait faire ou de mauvaises demandes ou de sottes réponses, et une attention opportune qu'on a au moindre mot qui échappe, pour le relever, badiner autour, y trouver un mystère que les autres n'y voient pas, y chercher de la finesse et de la subtilité, seulement pour avoir occasion d'y placer la sienne (5).

12. J'entends *Théodecte* (6) de l'antichambre ; il grossit

(1) Raconter.
(2) La préposition *de* s'employait avec quelques verbes qui prennent maintenant la préposition *à*.
(3) Cf. Montesquieu, *Lettres persanes*, 72, Rica à Usbeck.
(4) Cf. *Des Ouvrages de l'Esprit*, nº 25, note 4.
(5) Cf. La Rochefoucauld, *De la Conversation*.
(6) Le comte d'Aubigné, frère de Mme de Maintenon : « C'était un panier percé, fou à enfermer, mais plaisant avec de l'esprit et des saillies et des reparties auxquelles on ne se pouvait attendre... Avec

sa voix à mesure qu'il s'approche ; le voilà entré : il rit, il crie, il éclate ; on bouche ses oreilles, c'est un tonnerre. Il n'est pas moins redoutable par les choses qu'il dit que par le ton dont il parle, il ne s'apaise et ne revient de ce grand fracas que pour bredouiller des vanités et des sottises. Il a si peu d'égard au temps, aux personnes, aux bienséances, que chacun a son fait sans qu'il ait eu intention de le lui donner; il n'est pas encore assis qu'il a, à son insu, désobligé toute l'assemblée. A-t-on servi, il se met le premier à table et dans la première place ; les femmes sont à sa droite et à sa gauche. Il mange, il boit, il conte, il plaisante, il interrompt tout à la fois. Il n'a nul discernement des personnes, ni du maître, ni des conviés ; il abuse de la folle déférence qu'on a pour lui. Est-ce lui, est-ce *Euthydème* qui donne le repas? Il rappelle à soi toute l'autorité de la table; et il y a un moindre inconvénient à la lui laisser entière qu'à la lui disputer. Le vin et les viandes n'ajoutent rien à son caractère. Si l'on joue, il gagne au jeu ; il veut railler celui qui perd, et il l'offense; les rieurs sont pour lui : il n'y a sorte de fatuités qu'on ne lui passe. Je cède enfin et je disparois, incapable de souffrir plus longtemps Théodecte et ceux qui le souffrent.

16. L'esprit de la conversation consiste bien moins à en montrer beaucoup (1) qu'à en faire trouver aux autres : celui qui sort de votre entretien content de soi et de son esprit, l'est de vous parfaitement. Les hommes n'aiment point à

le divertissant, il y avait beaucoup d'embarras à écouter tous les propos qu'on n'arrêtait pas où on voulait, et qu'il ne faisait pas entre deux ou trois amis, mais à table devant tout le monde, sur un banc des Tuileries et fort librement encore dans la galerie de Versailles, où il ne se contraignait pas non plus qu'ailleurs de prendre un ton goguenard et de dire très ordinairement le beau-frère lorsqu'il voulait parler du roi. » (Saint-Simon.)

(1) « Un art et une grâce de Mme Récamier, a dit Sainte-Beuve, c'était de faire valoir la personne avec qui elle causait; elle s'y appliquait en s'effaçant volontiers : elle n'était qu'occupée que de donner des occasions à l'esprit des autres, et on lui savait gré de ses demi-mots, de ses silences intelligents. »

vous admirer, ils veulent plaire ; ils cherchent moins à être instruits et même réjouis, qu'à être goûtés et applaudis, et le plaisir le plus délicat est de faire celui d'autrui.

19. Dire d'une chose modestement ou qu'elle est bonne ou qu'elle est mauvaise, et les raisons pourquoi elle est telle, demande du bon sens et de l'expression : c'est une affaire. Il est plus court de prononcer d'un ton décisif, et qui emporte la preuve de ce qu'on avance, ou qu'elle est exécrable (1), ou qu'elle est miraculeuse.

22. *Cléon* parle peu obligeamment ou peu juste, c'est l'un ou l'autre ; mais il ajoute qu'il est fait ainsi, et qu'il dit ce qu'il pense.

23. Il y a parler bien, parler aisément, parler juste, parler à propos. C'est pécher contre ce dernier genre que de s'étendre sur un repas magnifique que l'on vient de faire, devant des gens qui sont réduits à épargner leur pain ; de dire merveille de sa santé devant les infirmes ; d'entretenir de ses richesses, de ses revenus et de ses ameublements un homme qui n'a ni rentes ni domicile, en un mot, de parler de son bonheur devant des misérables : cette conversation est trop forte pour eux, et la comparaison qu'ils font alors de leur état au vôtre est odieuse.

32. La politesse n'inspire pas toujours la bonté, l'équité, la complaisance, la gratitude ; elle en donne du moins les apparences, et fait paroître l'homme au dehors comme il devroit être intérieurement (2).

(1) Cf. Molière, *la Critique de l'Ecole des femmes*.

« *Le marquis.* — Je la trouve détestable, morbleu ! détestable, du dernier détestable, ce qu'on appelle détestable.

« *Dorante.* — Mais, marquis, par quelle raison, de grâce, cette comédie est-elle ce que tu dis ?

« *Le marquis.* — Pourquoi elle est détestable ?

« *Dorante.* — Oui.

« *Le marquis.* — Elle est détestable parce qu'elle est détestable. »

(2) « La politesse est l'expression ou l'imitation des vertus sociales, c'en est l'expression, si elle est vraie, ou l'imitation, si elle est fausse ;

L'on peut définir l'esprit de politesse, l'on ne peut en fixer la pratique : elle suit l'usage et les coutumes reçues ; elle est attachée au temps, aux lieux, aux personnes, et n'est point la même dans les deux sexes, ni dans les différentes conditions ; l'esprit tout seul ne la fait pas deviner : il fait qu'on la suit par imitation, et que l'on s'y perfectionne. Il y a des tempéraments qui ne sont susceptibles que de la politesse ; il y en a d'autres qui ne servent qu'aux grands talents, ou à une vertu solide. Il est vrai que les manières polies donnent cours au mérite, et le rendent agréable ; et qu'il faut avoir de bien éminentes qualités pour se soutenir sans la politesse.

Il me semble que l'esprit de politesse est une certaine attention à faire que par nos paroles et par nos manières les autres soient contents de nous et d'eux-mêmes.

49. J'approche d'une petite ville, et je suis déjà sur une hauteur d'où je la découvre. Elle est située à mi-côte ; une rivière baigne ses murs, et coule ensuite dans une belle prairie ; elle a une forêt épaisse qui la couvre des vents froids et de l'aquilon. Je la vois dans un jour si favorable que je compte ses tours et ses clochers ; elle me paroît peinte sur le penchant de la colline. Je me récrie, et je dis : « Quel plaisir de vivre sous un si beau ciel et dans ce séjour si délicieux (1) ! » Je descends dans la ville, où je n'ai pas couché deux nuits, que je ressemble à ceux qui l'habitent : j'en veux sortir (2)....

57. La moquerie est souvent indigence d'esprit.

65. L'on a vu, il n'y a pas longtemps, un cercle de personnes des deux sexes, liées ensemble par la conversation

et les vertus sociales sont celles qui nous rendent utiles ou agréables à ceux avec qui nous avons à vivre. » Duclos (*Considérations sur les mœurs.*)

(1) « Quoique ce soit l'homme et la société qu'il examine surtout, le pittoresque, chez La Bruyère, s'applique déjà aux choses de la nature plus qu'il n'était ordinaire de son temps. » (Sainte-Beuve.)

(2) Cet article a pu donner à Picard l'idée de la comédie *la Petite Ville.*

et par un commerce d'esprit (1). Ils laissoient au vulgaire l'art de parler d'une manière intelligible : une chose dite entre eux peu clairement en entraînoit une autre encore plus obscure, sur laquelle on enchérissoit (2) par de vraies énigmes, toujours suivies de longs applaudissements : par tout ce qu'ils appeloient délicatesse, sentiments, tour, et finesse d'expression, ils étoient enfin parvenus à n'être plus entendus et à ne s'entendre pas eux-mêmes (3). Il ne falloit, pour fournir à ces entretiens, ni bon sens, ni jugement, ni mémoire, ni la moindre capacité : il falloit de l'esprit, non pas du meilleur, mais de celui qui est faux, et où l'imagination a trop de part.

66. Je le sais, *Théobalde* (4), vous êtes vieilli; mais voudriez-vous que je crusse que vous êtes baissé, que vous n'êtes plus poëte ni bel esprit, que vous êtes présentement aussi mauvais juge de tout genre d'ouvrage que méchant auteur, que vous n'avez plus rien de naïf et de délicat dans la conversation? Votre air libre et présomptueux me rassure, et me persuade tout le contraire. Vous êtes donc

(1) Allusion à la société de l'Hôtel de Rambouillet et aux précieuses.

Dans un lieu plus secret on tient la Précieuse,
Occupée aux leçons de morale amoureuse.
Là se font distinguer les fiertés des rigueurs,
Les dédains des mépris, les tourments des langueurs;
On y sait démêler la crainte et les alarmes,
Discerner les attraits, les appas et les charmes...

(Saint-Evremont, *le Cercle* 1656.)

(2) Mettre une enchère, aller au delà, faire plus qu'un autre.

(3) « La métaphore est par excellence le fond du langage ou du style précieux... Non seulement le style est métaphorique, mais l'expression, le mot le sont aussi. On ne dit plus les dents, mais l'ameublement de la bouche; les joues, mais les trônes de la pudeur; un almanach, c'est le mémoire de l'avenir; une bougie s'appelle le supplément du soleil, etc... » (Larroumet, *Notice*, *Précieuses ridicules*.)

(4) L'abbé Trublet, bien informé par Fontenelle, dit dans ses mémoires : « C'est Benserade, vieilli et très ressemblant, malgré la charge ordinaire du peintre, » Benserade (1612-1691), auteur de nombreux ballets mythologiques, a mis en rondeaux les *Métamorphoses* d'Ovide.

aujourd'hui tout ce que vous fûtes jamais, et peut-être meilleur; car si à votre âge vous êtes si vif et si impétueux, quel nom, Théobalde, falloit-il vous donner dans votre jeunesse, et lorsque vous étiez la *coqueluche* ou l'entêtement de certaines femmes qui ne juroient que par vous et sur votre parole, qui disoient : *Cela est délicieux; qu'a-t-il dit?*

74. *Hermagoras* ne sait pas qui est roi de Hongrie; il s'étonne de n'entendre faire aucune mention du roi de Bohême; ne lui parlez pas des guerres de Flandre et de Hollande; dispensez-le du moins de vous répondre : il confond les temps, il ignore quand elles ont commencé, quand elles ont fini; combats, siéges, tout lui est nouveau; mais il est instruit de la guerre des géants, il en raconte les progrès et les moindres détails, rien ne lui est échappé; il débrouille (1) de même l'horrible chaos des deux empires, le Babylonien et l'Assyrien; il connoît à fond les Égyptiens et leurs dynasties. Il n'a jamais vu Versailles, il ne le verra point : il a presque vu la tour de Babel, il en compte les degrés, il sait combien d'architectes ont présidé à cet ouvrage, il sait les noms de ces architectes. On lui dit que le roi jouit d'une santé parfaite; et il se souvient que Thetmosis, un roi d'Égypte, étoit valétudinaire, et qu'il tenoit cette complexion de son aïeul Alipharmutosis. Que ne sait-il point? Quelle chose lui est cachée de la vénérable antiquité? Il vous dira que Sémiramis, ou, selon quelques-uns, Sérimaris, parloit comme son fils Ninyas, qu'on ne les distinguoit pas à la parole : si c'étoit parce que la mère avoit une voix mâle comme son fils, ou le fils une voix efféminée comme sa mère, qu'il n'ose pas le décider. Il nous révélera que Nembrot étoit gaucher, et Sésostris ambidextre (2), que c'est une erreur de s'imaginer qu'un Artaxerxe ait été appelé Longuemain, parce que les bras lui tomboient jusqu'aux genoux, et non à cause qu'il avoit une main plus longue que l'autre :

(1) Tirer hors de la confusion; cf. Boileau, *Art poét.*, I. 118.
(2) Qui se sert également des deux mains.

et il ajoute qu'il y a des auteurs graves qui affirment que c'étoit la droite, qu'il croit néanmoins être bien fondé à soutenir que c'est la gauche.

75. Ascagne est statuaire, Hégion fondeur, Æschine foulon, et *Cydias* (1) bel esprit, c'est sa profession. Il a une enseigne, un atelier, des ouvrages de commande (2), et des compagnons qui travaillent sous lui : il ne vous sauroit rendre de (3) plus d'un mois les stances qu'il vous a promises, s'il ne manque de parole à *Dosithée*, qui l'a engagé à faire une élégie; une idylle est sur le métier, c'est pour *Crantor*, qui le presse, et qui lui laisse espérer un riche salaire. Prose, vers, que voulez-vous? Il réussit également en l'un ou en l'autre. Demandez-lui des lettres de consolation, ou sur une absence, il les entreprendra; prenez-les toutes faites et entrez dans son magasin, il y a à choisir. Il a un ami qui n'a point d'autre fonction sur la terre que de le promettre longtemps à un certain monde, et de le présenter enfin dans les maisons comme homme rare et d'une exquise conversation; et là, ainsi que le musicien chante et que le joueur de luth touche son luth devant les personnes à qui il a promis, Cydias, après avoir toussé, relevé sa manchette, étendu la main et ouvert les doigts, débite gravement ses pensées quintessencées (4) et ses raisonnements sophistiqués (5). Différent de ceux qui, convenant de prin-

(1) Fontenelle.

(2) « C'est ainsi que Fontenelle fit, pour Th. Corneille, une partie de *Psyché* (1678) et de *Bellérophon* (1679); pour Donneau de Visé, *la Comète*, comédie (1681); pour Beauval, l'*Eloge de Perrault;* pour Catherine Bernard, une partie de la tragédie de *Brutus* (1691), etc... » (Chassang, édition des *Caractères*, Garnier, p. 99.)

(3) De, *dans*, avec le sens de durée; il ne vous saurait livrer avant un mois...

(4) Raffinées, subtilisées.

(5) Subtilisés à l'excès; altérés, falsifiés, frelatés.

Paix là! J'entends Pimprenelle (Fontenelle)
Qui, géométriquement,
Par maint beau raisonnement,
Fait, à la pointe fidèle,
Le procès au sentiment.

(Chaulieu.)

cipes, et connoissant la raison ou la vérité qui est une, s'arrachent la parole l'un à l'autre pour s'accorder sur leurs sentiments, il n'ouvre la bouche que pour contredire (1). « Il me semble, dit-il gracieusement, que c'est tout le contraire de ce que vous dites; » ou : « Je ne saurois être de votre opinion; » ou bien : « Ç'a été autrefois mon entêtement, comme (2) il est le vôtre, mais... Il y a trois choses, ajoute-t-il, à considérer.... » et il en ajoute une quatrième : fade discoureur, qui n'a pas mis plus tôt le pied dans une assemblée, qu'il cherche quelques femmes auprès de qui il puisse s'insinuer, se parer de son bel esprit ou de sa philosophie, et mettre en œuvre ses rares conceptions; car soit qu'il parle ou qu'il écrive, il ne doit pas être soupçonné d'avoir en vue ni le vrai ni le faux, ni le raisonnable, ni le ridicule : il évite uniquement de donner dans le sens des autres, et d'être de l'avis de quelqu'un; aussi attend-il dans un cercle que chacun se soit expliqué sur le sujet qui s'est offert, ou souvent qu'il a amené lui-même, pour dire dogmatiquement des choses toutes nouvelles, mais à son gré décisives et sans réplique. Cydias s'égale à Lucien et à Sénèque (3), se met au-dessus de Platon, de Virgile et de Théocrite (4), et son flatteur a soin de le confirmer tous les matins dans cette opinion. Uni de goût et d'intérêt avec les

(1) CÉLIMÈNE

Et ne faut-il pas bien que monsieur contredise?...
Le sentiment d'autrui n'est jamais pour lui plaire;
Il prend, toujours, en main l'opinion contraire,
Il penserait être un homme du commun,
Si l'on voyait qu'il fût de l'avis de quelqu'un, etc.

Cf. *le Misanthrope*, II, 4 (668-680).

(2) *Il* au sens neutre. « Épouser une veuve, en bon français, signifie faire fortune; il n'opère pas toujours ce qu'il signifie. » (La Bruyère, *Des Biens de fortune.*)

(3) Comme Lucien, Fontenelle a fait des *Dialogues des Morts;* comme Sénèque, des ouvrages de philosophie et des tragédies.

(4) Cf. *Des Ouvrages de l'Esprit*, 15, note 7.

contempteurs d'Homère (1), il attend paisiblement que les hommes détrompés lui préfèrent les poëtes modernes : il se met en ce cas à la tête de ces derniers, et il sait à qui il adjuge la seconde place (2). C'est en un mot un composé du pédant et du précieux, fait pour être admis de la bourgeoisie et de la province, en qui néanmoins on n'aperçoit rien de grand que l'opinion qu'il a de lui-même.

(1) Les Perrault, les La Motte-Houdard, les de Visé, etc.
(2) A Lamotte, dont il a fait l'éloge.

DES BIENS DE FORTUNE

---

2. Une grande naissance ou une grande fortune annonce (1) le mérite, et le fait plus tôt remarquer.

4. A mesure que la faveur et les grands biens se retirent d'un homme, ils laissent voir en lui le ridicule qu'ils couvroient (2), et qui y étoit sans que personne s'en aperçût.

7. Si le financier manque son coup, les courtisans disent de lui : « C'est un bourgeois, un homme de rien, un malotru (3) ; s'il réussit, ils lui demandent sa fille (4).

11. N***, avec un portier rustre, farouche, tirant sur (5) le Suisse (6), avec un vestibule et une antichambre, pour peu qu'il y fasse languir quelqu'un et se morfondre, qu'il paroisse enfin avec une mine grave et une démarche mesu-

(1) Sert d'annonce, met en vue.

(2) Le masque tombe, l'homme reste
Et le héros s'évanouit.
(J.-B. Rousseau.)

(3) Malotru, personne mal bâtie; fig. grossière, insupportable.

(4) « Le besoin d'argent a réconcilié la noblesse avec la roture et a fait évanouir la preuve des quatre quartiers. » (*De Quelques Usages*, 10.) — « Il faut bien de temps en temps du fumier pour fumer les meilleures terres », disait Mme de Grignan dont le fils épousait la fille du fermier général Saint-Amand. — Duclos : « La mésalliance a commencé par les hommes, qui conservent toujours leur nom ; celle des filles de qualité a commencé plus tard, mais elle prend faveur. La cour et la finance portent souvent le même deuil. » (*Considérations sur les mœurs*, chap. X.)

(5) Tirer sur, avoir quelque rapport, quelque ressemblance.

(6) Cf. *les Plaideurs*.

rée, qu'il écoute un peu (1) et ne reconduise point; quelque subalterne qu'il soit d'ailleurs, il fera sentir de lui-même quelque chose qui approche de la considération.

12. Je vais, *Clitiphon*, à votre porte; le besoin que j'ai de vous me chasse de mon lit et de ma chambre : plût aux dieux que je ne fusse ni votre client ni votre fâcheux! Vos esclaves me disent que vous êtes enfermé, et que vous ne pouvez m'écouter que d'une (2) heure entière. Je reviens avant le temps qu'ils m'ont marqué, et ils me disent que vous êtes sorti. Que faites-vous donc, Clitiphon, dans cet endroit le plus reculé de votre appartement, de si laborieux qui vous empêche de m'entendre? Vous enfilez quelques mémoires, vous collationnez un registre, vous signez, vous parafez. Je n'avois qu'une chose à vous demander, et vous n'aviez qu'un mot à me répondre : oui ou non. Voulez-vous être rare? Rendez service à ceux qui dépendent de vous : vous le serez davantage par cette conduite que par ne pas vous laisser voir. O homme important et chargé d'affaires, qui à votre tour avez besoin de mes offices, venez dans la solitude de mon cabinet : le philosophe est accessible; je ne vous remettrai point à un autre jour. Vous me trouverez sur les livres de Platon qui traitent de la spiritualité de l'âme et de sa distinction d'avec le corps, ou la plume à la main pour calculer les distances de Saturne et de Jupiter : j'admire Dieu dans ses ouvrages, et je cherche, par la connoissance de la vérité, à régler mon esprit et devenir meilleur. Entrez, toutes les portes vous sont ouvertes; mon antichambre n'est pas faite pour s'y ennuyer en m'attendant; passez jusqu'à moi sans me faire avertir. Vous m'apportez quelque chose de plus précieux que l'argent et l'or, si c'est une occasion de vous obliger. Parlez, que voulez-vous que je fasse pour vous? Faut-il quitter mes livres, mes études,

(1) Un *peu* pour *peu*.

(2) *De*, dans, avec le sens de durée; cf. *De la Société et de la Conversation*, 75 note 3.

mon ouvrage, cette ligne qui est commencée? Quelle interruption heureuse pour moi que celle qui vous est utile!.....

15. *Sosie* de la livrée (1) a passé par une petite recette à une sous-ferme; et par les concussions, la violence, et l'abus qu'il a fait de ses *pouvoirs* (2), il s'est enfin, sur les ruines de plusieurs familles, élevé à quelque grade (3). Devenu noble par une charge, il ne lui manquoit que d'être homme de bien : une place de marguillier (4) a fait ce prodige.

16. *Arfure* cheminoit seule et à pied vers le grand portique de Saint**, entendoit de loin le sermon d'un carme ou d'un docteur qu'elle ne voyoit qu'obliquement, et dont elle perdoit bien des paroles. Sa vertu étoit obscure, et sa dévotion connue comme sa personne. Son mari est entré dans le *huitième denier* (5): quelle monstrueuse fortune en moins de six années! Elle n'arrive à l'église que dans un char; on lui porte une lourde queue; l'orateur s'interrompt pendant qu'elle se place; elle le voit de front, n'en perd pas une seule parole ni le moindre geste. Il y a une brigue entre les prêtres pour la confesser; tous veulent l'absoudre, et le curé l'emporte.

18. *Champagne*, au sortir d'un long dîner qui lui enfle

(1) « Le corps des laquais est plus respectable en France qu'ailleurs: c'est un séminaire de grands seigneurs; il remplit le vide des autres états. » (Montesquieu, *Lettres persanes*.)

« Quelques-uns ont fait dans leur jeunesse l'apprentissage d'un certain métier, pour en exercer un autre, et fort différent, le reste de leur vie. » (La Bruyère, *Des biens de fortune*, 8.)

(2) Des pouvoirs qui lui étaient délégués.

(3) Degré, rang.

(4) Si l'on vient à chercher pour quel secret mystère
Alidor, à ses frais, bâtit un monastère :
« Alidor! dit un fourbe, il est de mes amis;
Je l'ai connu laquais avant qu'il fût commis.
C'est un homme d'honneur, de piété profonde,
Et qui veut rendre à Dieu ce qu'il a pris au monde.

(Boileau, sat. IX, 159-165.)

(5) Impôt établi en 1672, au moment de la guerre de Hollande.

l'estomac, et dans les douces fumées d'un vin d'Avenay ou de Sillery (1) signe un ordre qu'on lui présente, qui ôteroit le pain à toute une province si l'on n'y remédioit. Il est excusable : quel moyen de comprendre, dans la première heure de la digestion, qu'on puisse quelque part mourir de faim?

34. Il y a une dureté de complexion (2), il y en a une autre de condition et d'état. L'on tire de celle-ci, comme de la première, de quoi s'endurcir sur la misère des autres (3), dirai-je même de quoi ne pas plaindre les malheurs de sa famille? Un bon financier ne pleure ni ses amis, ni sa femme, ni ses enfants.

37. A force de faire de nouveaux contrats, ou de sentir son argent grossir dans ses coffres, on se croit enfin une bonne tête, et presque capable de gouverner (4).

47. Il y a des misères sur la terre qui saisissent le cœur ; il manque à quelques-uns jusqu'aux aliments, ils redoutent l'hiver, ils appréhendent de vivre. L'on mange ailleurs des fruits précoces ; l'on force la terre et les saisons pour fournir à sa délicatesse ; de simples bourgeois (5), seulement à cause (6) qu'ils étoient riches, ont eu l'audace d'avaler en un seul morceau la nourriture de cent familles. Tienne qui

(1) Crus de Champagne.

(2) De tempérament.

(3) « *La baronne.* — Faites avoir une commission, pour l'amour de moi, à ce pauvre Flamand, votre laquais....

« *M. Turcaret.* — Je l'aurais déjà poussé, si je lui avais trouvé quelque disposition, mais il a l'esprit trop bonasse ; cela ne vaut rien pour les affaires...» (*Turcaret*, II, 4.)

Et plus loin : « *M. Rafle :* Ce grand homme sec qui vous donna, il y a deux mois, deux mille francs pour une direction que vous lui avez fait avoir à Valognes... — *M. Turcaret :* Eh bien? — *M. Rafle :* Il lui est arrivé un malheur. — *M. Turcaret :* Quoi ? — *M. Rafle :* On a surpris sa bonne foi, on lui a volé quinze mille francs. Dans le fond, il est trop bon. — *M. Turcaret :* Trop bon! Trop bon ! Hé! pourquoi diable s'est-il donc mis dans les affaires? Trop bon ! Trop bon ! » (*Turcaret*, III, 8.)

(4) Cf. *le Gendre de M. Poirier*, 4.

(5) On a souvent remarqué que les *simples bourgeois* venaient bien à propos pour endosser un reproche qui s'adressait à d'autres.

(6) D'un usage fréquent au XVIIe siècle.

voudra contre de si grandes extrémités : je ne veux être, si je le puis, ni malheureux ni heureux ; je me jette et me réfugie dans la médiocrité (1).

54. *Chrysante*, homme opulent et impertinent, ne veut pas être vu avec *Eugène*, qui est un homme de mérite, mais pauvre : il croiroit en être déshonoré. Eugène est pour Chrysante dans les mêmes dispositions : ils ne courent pas risque de se heurter.

58. Il y a des âmes sales, pétries de boue et d'ordure, éprises du gain et de l'intérêt, comme les belles âmes le sont de la gloire et de la vertu ; capables d'une seule volupté, qui est celle d'acquérir ou de ne point perdre ; curieuses et avides du denier dix (2) ; uniquement occupées de leurs débiteurs ; toujours inquiètes sur (3) le rabais ou sur le décri (4) des monnoies ; enfoncées et comme abîmées dans les contrats, les titres et les parchemins. De telles gens ne sont ni parents, ni amis, ni citoyens, ni chrétiens, ni peut-être des hommes : ils ont de l'argent (5).

72. Une tenue d'états, les chambres (6) assemblées pour une affaire très capitale, n'offrent point aux yeux rien (7) de si grave et de si sérieux qu'une table de gens qui jouent un grand jeu ; une triste sévérité règne sur leurs visages ; implacables l'un pour l'autre, et irréconciliables

(1) Condition moyenne, également éloignée de la misère et de l'opulence.
« Médiocrité a esté par les sages anciens dicte aurée, c'est-à-dire précieuse, de tous louée, en tous endroits agréable. » (Rabelais.)

(2) Avides de placer leur argent à dix pour cent.

(3) *Du Mérite personnel*, n° 15, note 1.

(4) « Proclamation concernant la suppression ou la réduction d'une monnaie. » (Littré.)

(5) « Il y a une raison, dit Prévost-Paradol, et on la découvre dans sa manière de commencer et de finir, dans ses interpellations soudaines, dans ses comparaisons hardies, dans la gradation de ses expressions et de ses figures, qui vont se resserrant et s'aiguisant toujours, jusqu'à un dernier mot ou un dernier trait auquel il s'arrête, parce qu'en effet, au delà, il n'y a plus rien. »

(6) Etats, assemblées provinciales, chambres du parlement.

(7) Au sens étymologique, *rien* signifie *quelque chose*.

ennemis pendant que la séance dure, ils ne reconnoissent plus ni liaisons, ni alliance, ni naissance, ni distinctions : le hasard seul, aveugle et farouche divinité, préside au cercle, et y décide souverainement ; ils l'honorent tous par un silence profond, et par une attention dont ils sont partout ailleurs fort incapables ; toutes les passions, comme suspendues, cèdent à une seule ; le courtisan alors n'est ni doux, ni flatteur, ni complaisant, ni même dévot.

75. Mille gens se ruinent au jeu, et vous disent froidement qu'ils ne sauroient se passer de jouer : quelle excuse ! Y a-t-il une passion, quelque violente ou honteuse qu'elle soit, qui ne pût tenir ce même langage ? Seroit-on reçu à dire qu'on ne peut se passer de voler, d'assassiner, de se précipiter ? Un jeu effroyable (1), continuel, sans retenue, sans bornes, où l'on n'a en vue que la ruine totale de son adversaire, où l'on est transporté du désir du gain, désespéré sur la perte, consumé par l'avarice, où l'on expose sur une carte ou à la fortune du dé la sienne propre, celle de sa femme et de ses enfants, est-ce une chose qui soit permise ou dont l'on doive se passer ? Ne faut-il pas quelquefois se faire une plus grande violence, lorsque, poussé par le jeu jusques à une déroute universelle, il faut même que l'on se passe d'habits et de nourriture, et de les fournir à sa famille?

Je ne permets à personne d'être fripon ; mais je permets à un fripon (2) de jouer un grand jeu : je le défends à un

(1) Cf., entre autres témoignages, la *Correspondance de la duchesse d'Orléans*, les *Lettres* de Feuquières : « On joue ici des sommes effrayantes, et les joueurs sont comme des insensés; l'un hurle, l'autre frappe si fort la table du poing que toute la salle en retentit; le troisième blasphème d'une façon qui fait dresser les cheveux sur la tête ; tous paraissent hors d'eux-mêmes et sont effrayants à voir. » (Duchesse d'Orléans.)

« Le comte de Nassau a perdu ici vingt mille francs avec quelques dames ; je crois qu'elles l'ont quelque peu attrapé, car elles ont la réputation de savoir très bien jouer. » (Duchesse d'Orléans.)

« Le jeu de Mme de Montespan est monté à un tel excès que les pertes de cent mille écus sont communes. Le jour de Noël, elle perdait sept cent mille écus, etc... » (*Lettres* de Feuquières.)

(2) Les friponneries au jeu étaient fréquentes alors, même parmi les

honnête homme. C'est une trop grande puérilité de s'exposer à une grande perte.

78. Ni les troubles, *Zénobie* (1), qui agitent votre empire, ni la guerre que vous soutenez virilement contre une nation puissante depuis la mort du roi votre époux, ne diminuent rien de votre magnificence. Vous avez préféré à toute autre contrée les rives de l'Euphrate pour y élever un superbe édifice : l'air y est sain et tempéré, la situation en est riante; un bois sacré l'ombrage du côté du couchant; les dieux de Syrie, qui habitent quelquefois la terre, n'y auraient pu choisir une plus belle demeure. La campagne autour est couverte d'hommes qui taillent et qui coupent, qui vont et qui viennent, qui roulent ou qui charrient le bois du Liban, l'airain et le porphyre; les grues et les machines gémissent dans l'air, et font espérer à ceux qui voyagent vers l'Arabie de revoir à leur retour en leurs foyers ce palais achevé, et dans cette splendeur où vous désirez de le porter avant de l'habiter, vous et les princes vos enfants N'y épargnez rien, grande Reine, employez-y tout l'or et tout l'art des plus excellents ouvriers; que les Phidias et les Zeuxis (2) de votre siècle déploient toute leur science sur vos plafonds et vos lambris; tracez-y de vastes et de délicieux jardins, dont l'enchantement soit tel qu'ils ne paroissent pas faits de la main des hommes; épuisez vos trésors et

grands seigneurs ; Saint-Simon parle d'un individu « beaucoup du grand monde qui trichait au jeu du roi », et dans ses notes sur le *Journal de Dangeau*, il signale le duc de Créquy), grand joueur, et ne « s'y piquant pas d'une fidélité bien exacte. Plusieurs grands seigneurs en usaient de même et on en riait. » Cf. *Mémoires de Grammont.*

... Lorsqu'on n'est pas riche,
Pour soutenir son rang, il faut bien que l'on triche.

(E. Augier.

(1) D'après E. Fournier, Zénobie serait Catherine de Médicis qui avait fait bâtir le château de Saint-Maur, dans la suite divisé en deux parts, dont l'une était aux Condé, l'autre à La Touane, trésorier de l'extraordinaire, « le pâtre devenu riche par le péage des rivières ».

(2) Phidias, sculpteur grec (498-438 av. J.-C.); Zeuxis, peintre célèbre (468-400 av. J.-C.).

votre industrie sur cet ouvrage incomparable; et après que vous y aurez mis, Zénobie, la dernière main, quelqu'un de ces pâtres qui habitent les sables voisins de Palmyre, devenu riche par les péages de vos rivières, achètera un jour à deniers comptants cette royale maison, pour l'embellir, et la rendre plus digne de lui et de sa fortune (1).

83. *Giton* a le teint frais, le visage plein et les joues pendantes, l'œil fixe et assuré, les épaules larges, l'estomac haut, la démarche ferme et délibérée (2). Il parle avec confiance; il fait répéter celui qui l'entretient, et il ne goûte que médiocrement tout ce qu'il lui dit. Il déploie un ample mouchoir et se mouche avec grand bruit; il crache fort loin (3), et il éternue fort haut. Il dort le jour, il dort la nuit, et profondément; il ronfle en compagnie. Il occupe à table et à la promenade plus de place qu'un autre. Il tient le milieu en se promenant avec ses égaux ; il s'arrête et l'on s'arrête; il continue de marcher et l'on marche : tous se règlent sur lui. Il interrompt, il redresse ceux qui ont la parole : on ne l'interrompt pas, on l'écoute aussi longtemps qu'il veut parler; on est de son avis, on croit les nouvelles qu'il débite. S'il s'assied, vous le voyez s'enfoncer dans un fauteuil, croiser les jambes l'une sur l'autre, froncer le sourcil, abaisser son chapeau sur ses yeux pour ne voir personne, ou le relever ensuite, et découvrir son front par fierté et par audace. Il est enjoué, grand rieur, impatient, présomptueux, colère, libertin, politique, mystérieux

(1) « On croit au premier coup d'œil n'avoir affaire qu'à des fragments rangés les uns après les autres, et l'on marche dans un savant dédale où le fil ne casse pas. Chaque pensée se corrige, se développe, s'éclaire par les environnantes. Puis l'imprévu s'en mêle à tout moment, et l'on est plus d'une fois enlevé à de soudaines hauteurs que le discours continu ne permettrait pas. » (Sainte-Beuve.)

(2) Résolue, décidée, qui semble n'admettre point d'obstacle.

(3) « Je vis un petit homme si fier, il prit une prise de tabac avec tant de hauteur, il se moucha si impitoyablement, il cracha avec tant de flegme, il caressa ses chiens d'une manière si offensante pour les hommes, que je ne pouvais me lasser de l'admirer. » (*Lettres persanes*, 74, Usbek à Rica.)

sur les affaires du temps ; il se croit du talent et de l'esprit. Il est riche.

Phédon a les yeux creux, le teint échauffé, le corps sec et le visage maigre ; il dort peu, et d'un sommeil fort léger ; il est abstrait, rêveur, et il a, avec de l'esprit, l'air d'un stupide : il oublie de dire ce qu'il sait, ou de parler d'événements qui lui sont connus ; et s'il le fait quelquefois, il s'en tire mal, il croit peser à ceux à qui il parle, il conte brièvement, mais froidement ; il ne se fait pas écouter, il ne fait point rire. Il applaudit, il sourit à ce que les autres lui disent, il est de leur avis ; il court, il vole pour leur rendre de petits services. Il est complaisant, flatteur, empressé ; il est mystérieux sur ses affaires, quelquefois menteur ; il est superstitieux, scrupuleux, timide. Il marche doucement et légèrement, il semble craindre de fouler la terre ; il marche les yeux baissés, et il n'ose les lever sur ceux qui passent. Il n'est jamais du nombre de ceux qui forment un cercle pour discourir ; il se met derrière celui qui parle, recueille furtivement ce qui se dit, et il se retire si on le regarde. Il n'occupe point de lieu, il ne tient point de place ; il va les épaules serrées, le chapeau abaissé sur ses yeux pour n'être point vu ; il se replie et se renferme dans son manteau, il n'y a point de rues ni de galeries si embarrassées et si remplies de monde, où il ne trouve moyen de passer sans effort, et de se couler sans être aperçu. Si on le prie de s'asseoir, il se met à peine sur le bord d'un siège ; il parle bas dans la conversation, et il articule mal : libre néanmoins sur les affaires publiques, chagrin contre le siècle médiocrement prévenu (1), des ministres et du ministère. Il n'ouvre la bouche que pour répondre ; il tousse, il se mouche sous son chapeau ; il crache presque sur soi, et il attend qu'il soit seul pour éternuer, ou si cela lui arrive, c'est à l'insu de la compagnie : il n'en coûte à personne ni salut ni compliment. Il est pauvre.

(1) En faveur des ministres.

DE LA VILLE

4. La ville est partagée en diverses sociétés qui sont autant de petites républiques, qui ont leurs lois, leurs usages, leur jargon et leurs mots pour rire. Tant que cet assemblage est dans sa force, et que l'entêtement (1) subsiste, l'on ne trouve rien de bien dit ou de bien fait que ce qui part des siens (2), et l'on est incapable de goûter ce qui vient d'ailleurs : cela va jusques au mépris pour les gens qui ne sont pas initiés dans leurs mystères. L'homme du monde d'un meilleur esprit, que le hasard a porté au milieu d'eux, leur est étranger : il se trouve là comme dans un pays lointain, dont il ne connoît ni les routes, ni la langue, ni les mœurs, ni la coutume (3); il voit un peuple qui cause, bourdonne, parle à l'oreille, éclate de rire, et qui retombe ensuite dans un morne silence; il y perd son maintien, ne trouve pas à placer un seul mot, et n'a pas même de quoi écouter. Il ne manque jamais là un mauvais plaisant qui domine (4), et qui est comme le héros de la

(1) Engouement réciproque.
(2) Cf. Molière, *les Femmes savantes*, III, 2 (901-903) :

> Nul n'aura de l'esprit hors nous et nos amis,
> Nous chercherons partout à trouver à redire,
> Et ne verrons que nous qui sachent bien écrire.

(3) La coutume, par opposition à la loi écrite, la loi consacrée par l'usage.
(4) Qui donne le ton.

société : celui-ci s'est chargé de la joie des autres, et fait toujours rire avant que d'avoir parlé. Si quelquefois une femme survient qui n'est pas de leurs plaisirs, la bande joyeuse ne peut comprendre qu'elle ne sache point rire des choses qu'elle n'entend point (1), et paroisse insensible à des fadaises qu'ils n'entendent eux-mêmes que parce qu'ils les ont faites : ils ne lui pardonnent ni son ton de voix, ni son silence, ni sa taille, ni son visage, ni son habillement, ni son entrée, ni la manière dont elle est sortie. Deux années cependant ne se passent point sur une même *coterie* (2) : il y a toujours, dès la première année, des semences de division pour rompre dans celle qui doit suivre; l'intérêt de la beauté, les incidents du jeu, l'extravagance des repas, qui, modestes au commencement, dégénèrent bientôt en pyramides de viandes et en banquets somptueux, dérangent la république, et lui portent enfin le coup mortel : il est en fort peu de temps non plus parlé de cette nation que des mouches de l'année passée.

5. Il y a dans la ville la grande et la petite robe (3); et la première se venge sur l'autre des dédains de la cour, et des petites humiliations qu'elle y essuie. De savoir quelles sont leurs limites, où la grande finit, et où la petite commence, ce n'est pas une chose facile. Il se trouve même un corps considérable (4) qui refuse d'être du second ordre, et à qui l'on conteste le premier, il ne se rend pas néanmoins, il cherche au contraire, par la gravité et par la dépense, à s'égaler à la magistrature, ou ne lui cède qu'avec peine; on l'entend dire que la noblesse de son emploi, l'indépendance de sa profession, le talent de la parole, et le mérite

(1) N'étant pas initiée, elle ne comprend pas.
(2) Société fermée, réunion de gens qui s'entendent pour soutenir leurs intérêts ou leurs opinions.
(3) « On peut admettre que la grande robe comprenait les magistrats, la petite robe les avoués et les procureurs; entre les deux, les avocats; au-dessus de tous, la cour, c'est-à-dire les membres du parlement. » (Chassang.)
(4) Le corps des avocats.

personnel, balancent au moins les sacs de mille francs que le fils du partisan ou du banquier a su payer pour son office (1).

7. Il y a un certain nombre de jeunes magistrats que les grands biens et les plaisirs ont associés à quelques-uns de ceux qu'on nomme à la cour des *petits-maîtres :* ils les imitent, ils se tiennent fort au-dessus de la gravité de la robe, et se croient dispensés par leur âge et par leur fortune d'être sages et modérés. Ils prennent de la cour ce qu'elle a de pire : ils s'approprient la vanité, la mollesse, l'intempérance, le libertinage, comme si tous ces vices leur étoient dus, et affectant ainsi un caractère éloigné de celui qu'ils ont à soutenir, ils deviennent enfin, selon leurs souhaits, des copies fidèles de très méchants originaux (2);

9. Les *Crispins* se cotisent et rassemblent dans leur famille jusques à six chevaux pour allonger un équipage, qui avec un essaim de gens de livrées, où ils ont fourni chacun leur part, les fait triompher au Cours ou à Vincennes, et aller de pair avec les nouvelles mariées, avec *Jason*, qui se ruine, et avec *Thrason*, qui veut se marier, et qui a consigné (3).

Les Sannions et les Crispins veulent encore davantage que l'on dise d'eux qu'ils font une grande dépense, qu'ils n'ai-

(1) Allusion à la vénalité des charges, « cette gangrène qui ronge depuis longtemps toutes les parties de l'État. » (Saint-Simon.)

(2) Toutes les clefs nomment Jean-Antoine de Mesmes. Voici le portrait que trace de lui Saint-Simon : « Toute son étude fut celle du grand monde, à qui il plut, et fut mêlé dans les meilleures compagnies de la cour et dans les plus gaillardes. D'ailleurs il n'apprit rien et fut extrêmement débauché. Cette vie libertine le lia avec la jeunesse la plus distinguée qu'il recherchoit avec soin, et ne voyoit que le moins qu'il pouvoit de palais et de gens de robe. Devenu président par la mort de son père, il ne changea guère de vie, mais il se persuada qu'il étoit un seigneur, et vécut à la grande... D'ailleurs d'excellente compagnie, charmant convive, poli, affable, accueillant avec distinction... Il vouloit être homme de qualité et de cour, et se faisoit souvent moquer de lui par ceux qui l'étoient en effet, et avec lesquels il vivoit tant qu'il pouvoit. »

(3) Déposé son argent au Trésor public pour une grande charge. (Note de La Bruyère.)

ment à la faire. Ils font un récit long et ennuyeux d'une fête ou d'un repas qu'ils ont donné; ils disent l'argent qu'ils ont perdu au jeu, et ils plaignent fort haut celui qu'ils n'ont pas songé à perdre. *Ils ont réciproquement cent choses plaisantes à se conter; ils ont fait depuis peu des découvertes;* ils se passent les uns aux autres qu'ils sont gens à belles aventures. L'un d'eux, qui s'est couché tard à la campagne, et qui voudroit dormir, se lève matin, chausse des guêtres, endosse un habit de toile, passe un cordon où pend le fourniment, renoue ses cheveux, prend un fusil : le voilà chasseur, s'il tiroit bien. Il revient de nuit, mouillé et recru (1), sans avoir tué. Il retourne à la chasse le lendemain, et il passe tout le jour à manquer des grives ou des perdrix.

Un autre, avec quelques mauvais chiens, auroit envie de dire : *Ma meute.* Il sait un rendez-vous de chasse, il s'y trouve; il est au laisser-courre; il entre dans le fort, se mêle avec les piqueurs; il a un cor. Il ne dit pas, comme *Ménalippe* (2) : *Ai-je du plaisir?* il croit en avoir. Il oublie lois et procédure : c'est un Hippolyte. *Ménandre*, qui le vit hier sur un procès qui est en ses mains, ne reconnoitroit pas aujourd'hui son rapporteur. Le voyez-vous le lendemain à sa chambre, où l'on va juger une cause grave et capitale? il se fait entourer de ses confrères, il leur raconte comme il n'a point perdu le cerf de meute, comme il s'est étouffé de crier après les chiens qui étoient en défaut, ou après ceux des chasseurs qui prenoient le change, qu'il a vu donner les six chiens. L'heure presse; il achève de leur parler des abois et de la curée, et il court s'asseoir avec les autres pour juger.

11. Quel est l'égarement de certains particuliers, qui,

(1) Recru : harassé de fatigue. Cf. *De l'Homme*, n° 35.
(2) Ménalippe serait Jérôme de Nouveau, surintendant des postes. « Ce Nouveau, au commencement qu'il eut équipage de chasse, courant le cerf, demanda à son veneur : « Dites-moi, ai-je bien du plaisir « à cette heure? » (Tallemant, *Historiettes.*)

6

riches du négoce de leurs pères (1), dont ils viennent de recueillir la succession, se moulent sur les princes pour leur garde-robe et pour leur équipage, excitent par une dépense excessive et par un faste ridicule, les traits et la raillerie de toute une ville, qu'ils croient éblouir, et se ruinent ainsi à se faire moquer de soi (2) !

Quelques-uns n'ont pas même le triste avantage de répandre leurs folies plus loin que le quartier où ils habitent : c'est le seul théâtre de leur vanité. L'on ne sait point dans l'Ile (3) qu'*André* brille au Marais, et qu'il y dissipe son patrimoine : du moins, s'il étoit connu dans toute la ville et dans ses faubourgs, il seroit difficile qu'entre un si grand nombre de citoyens qui ne savent pas tous juger sainement de toutes choses, il ne s'en trouvât quelqu'un qui diroit de lui : *Il est magnifique*, et qui lui tiendroit compte des régals qu'il fait à *Xante* et à *Ariston*, et des fêtes qu'il donne à *Élamire ;* mais il se ruine obscurément : ce n'est qu'en faveur de deux ou trois personnes, qui ne l'estiment point, qu'il court à l'indigence, et qu'aujourd'hui en carrosse, il n'aura pas dans six mois le moyen d'aller à pied.

12. *Narcisse* se lève le matin pour se coucher le soir ; il a ses heures de toilette comme une femme ; il va tous les jours fort régulièrement à la belle messe aux Feuillants (4) ou aux Minimes ; il est homme d'un bon commerce, et l'on compte sur lui au quartier de*** pour un tiers ou pour un cinquième à l'hombre ou au reversi. Là il tient le fauteuil quatre heures de suite chez *Aricie* (5), où il risque chaque

(1) Cf. Boileau, ép. V :

Quoique fils de meunier, encor blanc du moulin.

(2) Cf. *le Bourgeois gentilhomme*, III, 2.

(3) Dans l'île Saint-Louis.

(4) Dans la rue Saint-Honoré où se tint en 1789, le fameux club de ce nom.

(5) Cf. Boileau, sat. X :

T'ai-je encore décrit la dame brelandière,
Qui des joueurs chez soi se fait cabaretière,
Et souffre des affronts que ne souffrirait pas
L'hôtesse d'une auberge à dix sous par repas ?

soir cinq pistoles d'or. Il lit exactement la *Gazette de Hollande* et le *Mercure galant* (1); il a lu Bergerac (2), des Marets (3), Lesclache (4), les *Historiettes* de Barbin (5), et quelques recueils de poésie. Il se promène avec des femmes à la Plaine (6) ou au Cours, et il est d'une ponctualité religieuse sur les visites. Il fera demain ce qu'il fait aujourd'hui et ce qu'il fit hier; et il meurt ainsi après avoir vécu.

13. Voilà un homme, dites-vous, que j'ai vu quelque part : de savoir où, il est difficile; mais son visage m'est familier. — Il l'est à bien d'autres; et je vais, s'il se peut, aider votre mémoire. Est-ce au boulevard (7) sur un strapontin, ou aux Tuileries dans la grande allée, ou dans le balcon à la comédie? Est-ce au sermon, au bal, à Rambouillet (8)? Où pourriez-vous ne l'avoir point vu? où n'est-il point? S'il y a dans la place une fameuse exécution, ou un feu de joie, il paroît à une fenêtre de l'hôtel de ville; s'il se fait un carrousel, le voilà entré, et placé sur l'amphithéâtre; si le roi reçoit des ambassadeurs, il voit leur marche, il assiste à leur audience, il est en haie quand ils reviennent de leur audience. Sa présence est aussi essentielle aux serments des ligues suisses que celle du chancelier et des ligues mêmes. C'est son visage que l'on voit aux almanachs (9) représenter le peuple ou l'assistance. Il y a une

(1) Cf. Préface.
(2) Cyrano de Bergerac (1620-1655).
(3) Des Marets de Saint-Sorlin (1606-1676).
(4) Auteur d'un livre de grammaire : *Les véritables règles de l'orthografe francèze*.
(5) Le célèbre libraire dont parle Boileau.
(6) La plaine des Sablons.
(7) Le boulevard de la porte Saint-Antoine.
(8) Jardin situé dans le faubourg Saint-Antoine.
(9) « Sous Louis XIV, on publiait chaque année pour les almanachs de très belles et très grandes estampes, dessinées et gravées par les meilleurs artistes. Là se trouvent représentés par allégorie les événements de l'année passée. Les rois, les princes, les généraux, les grands dignitaires figurent ordinairement dans le champ principal de ces estampes et sont très ressemblants. Plus bas sont des portraits d'échevins ou de personnages du tiers état, qui regardent le roi; c'est le

chasse publique, une *Saint-Hubert*, le voilà à cheval; on parle d'un camp et d'une revue, il est à Ouilles (1), il est à Achères (2). Il aime les troupes, la milice, la guerre; il la voit de près, et jusques au fort de Bernardi (3). CHANLEY (4) sait les marches, JACQUIER (5) les vivres, DU METZ (6) l'artillerie : celui-ci voit, il a vieilli sous le harnois en voyant, il est spectateur de profession; il ne fait rien de ce qu'un homme doit faire, il ne sait rien de ce qu'il doit savoir; mais il a vu, dit-il, tout ce qu'on peut voir, et il n'aura point regret de mourir.

21. On s'élève à la ville dans une indifférence grossière des choses rurales et champêtres; on distingue à peine la plante qui porte le chanvre d'avec celle qui produit le lin, et le blé froment d'avec les seigles, et l'un ou l'autre d'avec le méteil : on se contente de se nourrir et de s'habiller. Ne parlez à un grand nombre de bourgeois ni de guéret, ni de baliveaux, ni de provins, ni de regains, si vous voulez être entendu : ces termes pour eux ne sont pas françois. Parlez aux uns (7) d'aunage, de tarif, ou de sol pour livre, et aux autres (8), de voie d'appel, de requête civile, d'appointement, d'évocation. Ils connoissent le monde, et encore par ce qu'il a de moins beau et de moins spécieux; ils ignorent la nature, ses commencements, ses progrès, ses dons et ses largesses. Leur ignorance souvent est volontaire, et fondée

peuple ou l'*assistance;* sur les côtés, des médaillons représentant les batailles, les fêtes, tous les événements de l'année; et plus bas encore est un espace blanc où l'on collait un calendrier de l'année imprimé. » (Walckenaer, *Remarques et éclaircissements sur La Bruyère.*)

(1) Village du canton d'Argenteuil.

(2) Village du canton de Saint-Germain-en-Laye.

(3) Bernardi avait fondé une académie d'armes où tout bon gentilhomme venait apprendre son métier. Tous les ans, il faisait élever auprès du Luxembourg un fort où ses élèves venaient s'exercer aux manœuvres de la petite guerre.

(4) Maréchal des logis des armées du roi.

(5) Munitionnaire des vivres.

(6) Lieutenant général d'artillerie

(7) Aux marchands.

(8) Aux hommes de robe.

sur l'estime qu'ils ont pour leur profession et pour leurs talents. Il n'y a si vil praticien (1), qui au fond de son étude sombre et enfumée, et l'esprit occupé d'une plus noire chicane, ne se préfère au laboureur, qui jouit du ciel, qui cultive la terre, qui sème à propos, et qui fait de riches moissons; et s'il entend quelquefois parler des premiers hommes ou des patriarches, de leur vie champêtre et de leur économie, il s'étonne qu'on ait pu vivre en de tels temps, où il n'y avoit encore ni offices, ni commissions, ni présidents, ni procureurs; il ne comprend pas qu'on ait jamais pu se passer du greffe, du parquet et de la buvette.

22. Les empereurs n'ont jamais triomphé à Rome si mollement, si commodément, ni si sûrement même, contre le vent, la pluie, la poudre et le soleil, que le bourgeois sait à Paris se faire mener par toute la ville : quelle distance de cet usage à la mule de leurs ancêtres! Ils ne se savoient point encore se priver du nécessaire pour avoir le superflu, ni préférer le faste aux choses utiles. On ne les voyoit point s'éclairer avec des bougies (2), et se chauffer à un petit feu : la cire étoit pour l'autel et pour le Louvre. Ils ne sortoient point d'un mauvais dîner pour monter dans leur carrosse; ils se persuadoient que l'homme avoit des jambes pour marcher, et ils marchoient. Ils se conservoient propres quand il faisoit sec; et dans un temps humide ils gâtoient leur chaussure (3), aussi peu embarrassés de franchir les

(1) Cf. *De Quelques Usages*, n° 50.
(2) Au temps de La Bruyère, la bougie était encore d'un grand luxe.
(3) Cf. *les Précieuses ridicules*, scène VII. — Le roman de Polyandre nous apprend comment on pouvait, avant l'invention de la chaise, paraître dans les bals ou en visite sans avoir les souliers « imprimés en boue : « Il y avoit mesme des galands de bas aloy qui, n'ayant pas la commodité de venir en carrosse, faisoient porter leurs bottes par leurs petits frères ou par de petits gueux de louage, faute de laquais, ou les portoient eux-mêmes et s'en alloient desbotter leurs vieilles et deschausser leurs souliers, s'ils en avoient, dans quelque coin d'escurie ou de buscher, où ils les laissoient pour un temps, ayant mis une chaussure neuve. »

rues et les carrefours, que le chasseur de traverser un guéret, ou le soldat de se mouiller dans une tranchée. On n'avoit pas encore imaginé d'atteler deux hommes à une litière; il y avoit même plusieurs magistrats qui alloient à pied à la chambre ou aux enquêtes, d'aussi bonne grâce qu'Auguste autrefois alloit de son pied au Capitole. L'étain dans ce temps brilloit sur les tables et sur les buffets, comme le fer et le cuivre dans les foyers; l'argent et l'or étoient dans les coffres. Les femmes se faisoient servir par des femmes (1); on mettoit celles-ci jusqu'à la cuisine.

Les beaux noms de gouverneurs et de gouvernantes n'étoient pas inconnus à nos pères : ils savoient à qui l'on confioit les enfants des rois et des plus grands princes; mais ils partageoient le service de leurs domestiques avec leurs enfants, contents de veiller eux-mêmes immédiatement à leur éducation. Ils comptoient en toutes choses avec eux-mêmes . leur dépense étoit proportionnée à leur recette; leurs livrées, leurs équipages, leurs meubles, leur table, leurs maisons de la ville et de la campagne, tout étoit mesuré sur leurs rentes et sur leur condition (2). Il y avoit entre eux des distinctions extérieures qui empêchoient qu'on ne prît la femme du praticien pour celle du magistrat, et le roturier ou le simple valet pour le gentilhomme. Moins appliqués à dissiper ou à grossir leur patrimoine qu'à le maintenir, ils le laissoient entier à leurs héritiers, et passoient ainsi d'une vie modérée à une mort tranquille. Ils ne disoient point : « Le siècle est dur, la misère est grande, l'argent est rare »; ils en avoient moins que nous, et en

(1) « Il semble que les femmes aient oublié qu'elles sont d'un autre sexe que les hommes... L'usage des suivantes est banni, et aux filles de chambre ont succédé des valets de chambre. — Au lieu des enfants qu'elles avaient autrefois pour laquais, elles choisissent les plus grands garçons et les mieux faits... » (Lettre de l'abbé Dubois à Bayle, 19 novembre 1696.)

(2) Cf. *les Bourgeoises de qualité*, I, 2.

avoient assez, plus riches par leur économie et par leur modestie (1) que de leurs revenus et de leurs domaines. Enfin l'on étoit alors pénétré de cette maxime que ce qui est dans les grands splendeur, somptuosité, magnificence, est dissipation, folie, ineptie dans le particulier.

(1) Modération.

DE LA COUR

2. Un homme qui sait la cour est maître de son geste, de ses yeux et de son visage; il est profond, impénétrable; il dissimule les mauvais offices, sourit à ses ennemis, contraint son humeur, déguise ses passions, dément son cœur, parle, agit contre ses sentiments (1). Tout ce grand raffinement n'est qu'un vice, que l'on appelle fausseté, quelquefois aussi inutile au courtisan pour sa fortune que la franchise, la sincérité et la vertu.

7. L'on s'accoutume difficilement à une vie qui se passe dans une antichambre, dans des cours, ou sur l'escalier (2).

8. La cour ne rend pas content; elle empêche qu'on ne le soit ailleurs.

(1) Cf. Balthasar Gracian, *l'Homme de cour*, traduit et commenté par le sieur Amelot de la Houssaie, 4e éd., 1687.

Ce chapitre de La Bruyère montre suffisamment que les courtisans savaient user des moyens de parvenir et de se faire valoir que l'auteur espagnol avait réduits en maximes.

(2) « Bien des gens croient la cour un pays de fainéants, où, dès qu'on a mis le pied, la fortune vous cherche, les biens viennent en dormant; erreur. Les courtisans, il est vrai, ne font rien; nulle œuvre, nulle besogne qui paraisse... Le laboureur, l'artisan, qui, chaque soir, prend somme, et répare la nuit les fatigues du jour, voilà de vrais paresseux. Le courtisan jamais ne dort, et l'on a calculé mathématiquement que la moitié des soins perdus dans les antichambres, la moitié des travaux, des efforts, de la constance nécessaires pour seulement parler à un sot en place, suffirait pour décupler en France les produits de l'industrie, etc. » (P.-L. Courier, *Lettre VIII, au Censeur*, 12 février 1820.)

18. Les cours ne sauroient se passer d'une certaine espèce de courtisans, hommes flatteurs, complaisants, insinuants, dévoués aux femmes, dont ils ménagent les plaisirs, étudient les foibles et flattent toutes les passions : ils font les modes, raffinent sur le luxe et sur la dépense, et apprennent à ce sexe de prompts moyens de consumer de grandes sommes en habits, en meubles et en équipages ; ils ont eux-mêmes des habits où brillent l'invention et la richesse, et ils n'habitent d'anciens palais qu'après les avoir renouvelés et embellis (1) ; ils mangent délicatement et avec réflexion ; il n'y a sorte de volupté qu'ils n'essayent, et dont ils ne puissent rendre compte. Ils doivent à eux-mêmes leur fortune, et ils la soutiennent avec la même adresse qu'ils l'ont élevée. Dédaigneux et fiers, ils n'abordent plus leurs pareils, ils ne les saluent plus ; ils parlent où tous les autres se taisent, entrent, pénètrent dans des endroits et à des heures où les grands n'osent se faire voir : ceux-ci, avec de longs services, bien des plaies sur le corps, de beaux emplois ou de grandes dignités, ne montrent pas un visage si assuré, ni une contenance si libre. Ces gens ont l'oreille des plus grands princes, sont de tous leurs plaisirs et de toutes leurs fêtes, ne sortent pas du Louvre ou du Château (2), où ils marchent et agissent comme chez eux et dans leur domestique (3), semblent se multiplier en mille endroits, et sont toujours les premiers visages qui frappent les nouveaux venus à une cour ; ils embrassent, ils sont embrassés ; ils rient, ils éclatent, ils sont plaisants, ils font des contes : personnes commodes, agréables, riches, qui prêtent (4), et qui sont sans conséquence.

(1) Cf. *Des Biens de fortune*, n° 78.
(2) De Versailles.
(3) Dans leur intérieur.
(4) Toutes les clefs portent le nom de Langlée pour ce caractère. « Avec très peu ou point d'esprit, mais une grande connaissance du monde, il sut prêter de bonne grâce, attendre de meilleure grâce encore, se faire beaucoup d'amis et de la réputation, à force de bons procédés ; il fut des plus grosses parties du roi... » (Saint-Simon.)

19. Ne croit-on pas de *Cimon* et de *Clitandre* qu'ils sont seuls chargés des détails de tout l'Etat, et que seuls aussi ils en doivent répondre? L'un a du moins (1) les affaires de terre, et l'autre les maritimes. Qui pourroit les représenter exprimeroit l'empressement, l'inquiétude, la curiosité, l'activité, sauroit peindre le mouvement. On ne les a jamais vus assis, jamais fixes et arrêtés : qui même les a vus marcher? on les voit courir, parler en courant, et vous interroger sans attendre de réponse. Ils ne viennent d'aucun endroit, ils ne vont nulle part : ils passent et ils repassent. Ne les retardez pas dans leur course précipitée, vous démonteriez leur machine ; ne leur faites pas de questions, ou donnez-leur du moins le temps de respirer et de se ressouvenir qu'ils n'ont nulle affaire, qu'ils peuvent demeurer avec vous et longtemps, vous suivre même où il vous plaira de les emmener. Ils ne sont pas les *satellites de Jupiter*, je veux dire ceux qui pressent et qui entourent le prince, mais ils l'annoncent et le précèdent; ils se lancent impétueusement dans la foule des courtisans; tout ce qui se trouve sur leur passage est en péril. Leur profession est d'être vus et revus, et ils ne se couchent jamais sans s'être acquittés d'un emploi si sérieux, et si utile à la république(2). Ils sont au reste instruits à fond de toutes les nouvelles indifférentes, et ils savent à la cour tout ce que l'on peut y ignorer; il ne leur manque aucun des talents nécessaires pour s'avancer médiocrement. Gens néanmoins éveillés et alertes sur tout ce qu'ils croient leur convenir, un peu entreprenants, légers et précipités. Le dirai-je? ils portent au vent (3), attelés tous deux au char de la Fortune, et tous deux fort éloignés de s'y voir assis.

22. L'on se couche à la cour et l'on se lève sur l'intérêt :

(1) La direction, le ministère des affaires.
(2) A l'Etat.
(3) Se dit d'un cheval qui porte le nez aussi haut que les oreilles.
Toujours portant au vent, fier comme un Écossais.
(Destouches, *le Glorieux*, I, 3.)

c'est ce que l'on digère le matin et le soir, le jour et la nuit ; c'est ce qui fait que l'on pense, que l'on parle, que l'on se tait, que l'on agit ; c'est dans cet esprit qu'on aborde les uns et qu'on néglige les autres, que l'on monte et que l'on descend ; c'est sur cette règle que l'on mesure ses soins, ses complaisances, son estime, son indifférence, son mépris. Quelques pas que quelques-uns fassent par vertu vers la modération et la sagesse, un premier mobile d'ambition les emmène avec les plus avares, les plus violents dans leurs désirs et les plus ambitieux : quel moyen de demeurer immobile où tout marche, où tout se remue, et de ne pas courir où les autres courent ? On croit même être responsable à soi-même de son élévation et de sa fortune : celui qui ne l'a point faite à la cour est censé ne l'avoir pas dû faire, on n'en appelle pas (1). Cependant s'en éloignera-t-on avant d'en avoir tiré le moindre fruit (2), ou persistera-t-on à y demeurer sans grâces et sans récompenses ? question si épineuse, si embarrassée, et d'une si pénible décision, qu'un nombre infini de courtisans vieillissent sur le oui et sur le non, et meurent dans le doute.

23. Il n'y a rien à la cour de si méprisable et de si indigne qu'un homme qui ne peut contribuer en rien à notre fortune : je m'étonne qu'il ose se montrer.

32. Vient-on de placer quelqu'un dans un nouveau poste,

(1) Terme de la langue juridique ; l'arrêt est irrévocable.
(2) « Là (à la cour), tout le monde sert, on veut servir. L'un présente la serviette, l'autre, le vase à boire. Chacun reçoit, ou demande salaire, tend la main, recommande, supplie. Mendier n'est pas honte à la cour : c'est toute la vie du courtisan. Dès l'enfance, appris à cela, voué à cet état par honneur, il s'en acquitte bien autrement que ceux qui mendient par paresse ou nécessité... Gueux à la besace, que peut-on faire ? Le courtisan mendie en carrosse à six chevaux et attrape plus tôt un million que l'autre un morceau de pain noir. Actif, infatigable, il ne s'endort jamais ; il veille la nuit et le jour, guette le temps de demander, comme vous celui de semer et mieux... Il n'est affront, dédain, outrage, ni mépris qui le puissent rebuter. Econduit, il insiste ; repoussé, il tient bon ; qu'on le chasse, il revient ; qu'on le batte, il se couche à terre. *Frappe, mais écoute* et donne, du reste prêt à tout. » (P.-L. Courier, *Simple Discours*.)

c'est un débordement de louanges en sa faveur, qui inonde les cours et la chapelle, qui gagne l'escalier, les salles, la galerie, tout l'appartement (1) : on en a au-dessus des yeux, on n'y tient pas. Il n'y a pas deux voix différentes sur ce personnage ; l'envie, la jalousie parlent comme l'adulation ; tous se laissent entraîner au torrent qui les emporte, et qui les force (2) de dire d'un homme ce qu'ils en pensent ou ce qu'ils n'en pensent pas, comme de louer souvent celui qu'ils ne connaissent point. L'homme d'esprit, de mérite ou de valeur devient en un instant un génie de premier ordre, un héros, un demi-dieu. Il est si prodigieusement flatté dans toutes les peintures que l'on fait de lui, qu'il paroît difforme près de ses portraits ; il lui est impossible d'arriver jamais jusqu'où la bassesse et la complaisance viennent de le porter : il rougit de sa propre réputation. Commence-t-il à chanceler dans ce poste où on l'avoit mis, tout le monde passe facilement à un autre avis : en est-il entièrement déchu, les machines qui l'avoient guindé si haut par l'applaudissement et les éloges sont encore toutes dressées pour le faire tomber dans le dernier mépris : je veux dire qu'il n'y en a point qui le dédaignent mieux, qui le blâment plus aigrement, et qui en disent plus de mal, que ceux qui s'étoient comme dévoués à la fureur d'en dire du bien (3).

57. Que d'amis, que de parents naissent en une nuit au nouveau ministre (4) ! Les uns font valoir leurs anciennes liaisons, leur société d'études (5), les droits du voisinage ; les autres feuillettent leur généalogie, remontent jusqu'à un trisaïeul, rappellent le côté paternel et le maternel ; l'on veut

(1) A la cour, l'appartement du roi.
(2) Un torrent qui force de dire ! Métaphore risquée.
(3) « Caractère ajouté à la cinquième édition ; la clef porte : « Cela est arrivé à M. de Luxembourg, quand il entra dans le commandement des armées. » Saint-Simon dépeint le maréchal de Luxembourg comme un homme adonné à la paresse et aux plaisirs, quand il n'était pas à la tête des armées, fort peu aimé du roi, qui s'en servait par nécessité. » (Walkenaer, *Remarques et éclaircissements sur les Caractères.*)
(4) La réflexion a-t-elle cessé d'être vraie ?
(5) Leur camaraderie de collège.

tenir à cet homme par quelque endroit, et l'on dit plusieurs fois le jour que l'on y tient; on l'imprimeroit volontiers : *C'est mon ami, et je suis fort aise de son élévation ; j'y dois prendre part, il m'est assez proche.* Hommes vains et dévoués à la fortune, fades courtisans, parliez-vous ainsi il y a huit jours ? Est-il devenu, depuis ce temps, plus homme de bien, plus digne du choix que le prince en vient de faire ? Attendiez-vous cette circonstance pour le mieux connoître ?

58. Ce qui me soutient et me rassure contre les petits dédains que j'essuie quelquefois des grands et de mes égaux, c'est que je me dis à moi-même : « Ces gens n'en veulent peut-être qu'à ma fortune, et ils ont raison ; elle est bien petite. Ils m'adoreroient sans doute si j'étois ministre. »

Dois-je bientôt être en place ? le sait-il ? est-ce en lui un pressentiment ? il me prévient, il me salue.

61. *Théodote* avec un habit austère a un visage comique, et d'un homme qui entre sur la scène ; sa voix, sa démarche, son geste, son attitude accompagnent (1) son visage. Il est fin, *cauteleux*, doucereux, mystérieux ; il s'approche de vous et il vous dit à l'oreille : *Voilà un beau temps ; voilà un grand dégel* (2). S'il n'a pas les grandes manières, il a du moins toutes les petites, et celles même qui ne conviennent guère qu'à une jeune précieuse. Imaginez-vous l'application d'un enfant à élever un château de cartes ou à se saisir d'un papillon : c'est celle de Théodote pour une affaire de rien, et qui ne mérite pas qu'on s'en remue ; il la traite sérieusement, et comme quelque chose qui est capital ; il agit, il s'empresse, il l'a fait réussir : le voilà qui respire et qui se repose, et il a raison ; elle lui a coûté beaucoup de peine. L'on voit des gens enivrés, ensorcelés de la faveur ; ils y pensent le jour, ils y rêvent la nuit ; ils montent l'escalier

(1) Conviennent à son visage.
(2) Cf. *le Misanthrope*, II, 4 (586-594) :
C'est (Timante) de la tête aux pieds, un homme tout mystère.

d'un ministre, et ils en descendent ; ils sortent de son antichambre, et ils y rentrent ; ils n'ont rien à lui dire, et ils lui parlent : ils lui parlent une seconde fois : les voilà contents, ils lui ont parlé. Pressez-les, tordez-les, ils dégouttent l'orgueil, l'arrogance, la présomption ; vous leur adressez la parole, ils ne vous répondent point, ils ne vous connoissent point, ils ont les yeux égarés et l'esprit aliéné (1) : c'est à leurs parents à en prendre soin et à les renfermer, de peur que leur folie ne devienne fureur, et que le monde n'en souffre. Théodote a une plus douce manie : il aime la faveur éperdument, mais sa passion a moins d'éclat ; il lui fait des vœux en secret, il la cultive, il la sert mystérieusement ; il est au guet et à la découverte sur tout ce qui paroît de nouveau avec les livrées de la faveur : ont-ils une prétention, il s'offre à eux, il s'intrigue pour eux, il leur sacrifie sourdement mérite, alliance, amitié, engagement, reconnoissance. Si la place d'un Cassini (2) devenoit vacante et que le suisse ou le postillon du favori s'avisât de la demander, il appuieroit sa demande, il le jugeroit digne de cette place, il le trouveroit capable d'observer et de calculer, de parler de parhélies et de parallaxes (3). Si vous demandiez de Théodote s'il est auteur ou plagiaire, original ou copiste, je vous donnerois ses ouvrages, et je vous dirois : « Lisez et jugez. » Mais s'il est dévot ou courtisan, qui pourroit le décider sur le portrait que je viens d'en faire? Je prononcerois plus hardiment sur son étoile. Oui, Théodote, j'ai observé le point de votre naissance ; vous serez placé, et bientôt ; ne veillez plus, n'imprimez plus : le public vous demande quartier.

62. N'espérez plus de candeur, de franchise, d'équité,

(1) Aliéné. Il a l'esprit ailleurs.
(2) Cassini (1625-1712), créateur de l'Observatoire de Paris.
(3) Parhélie, image du soleil réfléchie dans les nuages.
Parallaxe : angle formé par deux lignes imaginaires, partant du centre d'un astre et passant l'une par le centre de la terre, l'autre par l'œil de l'observateur placé à sa surface.

de bons offices, de services, de bienveillance, de générosité, de fermeté, dans un homme qui s'est depuis quelque temps livré à la cour et qui secrètement veut sa fortune. Le reconnoissez-vous à son visage, à ses entretiens ? Il ne nomme plus chaque chose par son nom (1); il n'y a plus pour lui de fripons, de fourbes, de sots et d'impertinents: celui dont il lui échapperoit de dire ce qu'il en pense, est celui-là même qui, venant à le savoir, l'empêcheroit de *cheminer :* pensant mal de tout le monde, il n'en dit de personne ; ne voulant du bien qu'à lui seul, il veut persuader qu'il en veut à tous (2), afin que tous lui en fassent, ou que nul du moins lui soit contraire. Non content de n'être pas sincère, il ne souffre pas que personne le soit; la vérité blesse son oreille: il est froid et indifférent sur les observations que l'on fait sur la cour et sur le courtisan : et parce qu'il les a entendues, il s'en croit complice et responsable.

Tyran de la société et martyr de son ambition, il a une triste circonspection dans sa conduite et dans ses discours, une raillerie innocente, mais froide et contrainte, un ris forcé, des caresses contrefaites, une conversation interrompue et des distractions fréquentes, Il a une profusion, le dirai-je? des torrents de louanges pour ce qu'a fait ou ce qu'a dit un homme placé et qui est en faveur, et pour tout autre une sécheresse de pulmonique (3); il a des formules de compliments différents pour l'entrée et pour la sortie à l'égard de ceux qu'il visite ou dont il est visité; et il n'y a personne de ceux qui se payent de mines et de façons de parler qui ne sorte d'avec lui fort satisfait. Il vise également à se faire des patrons et des créatures; il est mé-

(1) Cf. Boileau, sat. I :

J'appelle un chat un chat et Rolet un fripon.

(2) « L'on dit à la cour du bien de quelqu'un pour deux raisons : la première afin qu'il apprenne que nous disons du bien de lui; la seconde, afin qu'il en dise de nous. » (La Bruyère, *De la Cour*, 36.)

(3) Pulmonique. « Une sécheresse de pulmonique, une extrême froideur et sécheresse dans l'âme ; locution qui vient de ce que, avec la fièvre, les pulmoniques ont la peau sèche. » (Littré.)

diateur, confident, entremetteur; il veut gouverner. Il a une ferveur de novice pour toutes les petites pratiques de cour; il sait où il faut se placer pour être vu; il sait vous embrasser, prendre part à votre joie, vous faire coup sur coup des questions empressées sur votre santé, sur vos affaires; et pendant que vous lui répondez, il perd le fil de sa curiosité, vous interrompt, entame un autre sujet; ou s'il survient quelqu'un à qui il doive un discours tout différent, il sait, en achevant de vous congratuler, lui faire un compliment de condoléance; il pleure d'un œil et il rit de l'autre. Se formant quelquefois sur les ministres ou sur le favori, il parle en public de choses frivoles, du vent, de la gelée; il se tait au contraire, et fait le mystérieux sur ce qu'il sait de plus important, et plus volontiers encore sur ce qu'il ne sait point.

74. L'on parle d'une région (1) où les vieillards sont galants, polis et civils; les jeunes gens, au contraire, durs, féroces, sans mœurs ni politesse. Celui-là chez eux est sobre et modéré, qui ne s'enivre (2) que de vin; l'usage trop fréquent qu'ils en ont fait le leur a rendu insipide : ils cherchent à réveiller leur goût déjà éteint par des eaux-de-vie, et par toutes les liqueurs les plus violentes; il ne manque à leur débauche que de boire de l'eau-forte. Les femmes du pays précipitent le déclin de leur beauté par des artifices qu'elles croient servir à les rendre belles (3) : leur coutume est de

(1) La cour.

(2) Cf. *De la Mode*, n° 7.

« La quantité d'eau-de-vie qui se consomme dans le royaume est quadruple de celle qui se consommait il y a dix ans. » Lettre de *l'abbé Dubos à Bayle*, 19 novembre 1696.

(3) Cf. Boileau, sat. X :

> Elle étale, le soir, son teint sur sa toilette,
> Et dans quatre mouchoirs, de sa beauté salis,
> Envoie au blanchisseur ses roses et ses lis.

« Il n'est que trop vrai que des femmes se font peindre des veines bleues, afin de faire croire qu'elles ont la peau si fine qu'on distingue leurs veines à travers. » (*Correspondance de la duchesse d'Orléans.*)

peindre leurs lèvres, leurs joues, leurs sourcils et leurs épaules, qu'elles étalent avec leur gorge, leurs bras et leurs oreilles, comme si elles craignoient de cacher l'endroit par où elles pourroient plaire, ou de ne pas se montrer assez. Ceux qui habitent cette contrée ont une physionomie qui n'est pas nette, mais confuse, embarrassée dans une épaisseur de cheveux étrangers, qu'ils préfèrent aux naturels et dont ils font un long tissu pour couvrir leur tête : il descend à la moitié du corps, change les traits, et empêche qu'on ne connoisse les hommes à leur visage. Ces peuples d'ailleurs ont leur Dieu et leur roi , les grands de la nation s'assemblent tous les jours à une certaine heure, dans un temple qu'ils nomment église (1); il y a au fond de ce temple un autel consacré à leur Dieu, où un prêtre célèbre des mystères qu'ils appellent saints, sacrés et redoutables; les grands forment un vaste cercle au pied de cet autel, et paroissent debout ; le dos tourné directement au prêtre et aux saints mystères, et les faces élevées vers le roi, que l'on voit à genoux sur une tribune, et à qui ils semblent avoir tout l'esprit et tout le cœur appliqués. On ne laisse pas de voir dans cet usage une espèce de subordination; car ce peuple paroît adorer le prince, et le prince adorer Dieu. Les gens du pays le nomment ****; il est à quelques (2) quarante-huit degrés d'élévation du pôle, et à plus d'onze cents lieues de mer des Iroquois et des Hurons.

75. Qui considérera que le visage du prince fait toute la félicité du courtisan, qu'il s'occupe et se remplit pendant toute sa vie de le voir et d'en être vu (3), comprendra un

(1) Tous les jours le roi entendait la messe à la chapelle du palais de Versailles.

(2) Quelque, dans le sens d'environ, devant les noms de nombre, est adverbe et reste invariable.

(3) Le maréchal de Villeroy écrit à Madame de Maintenon :
« Je commence à voir les cieux ouverts, le roi m'a accordé une audience. » (24 février 1712).
« Sire, écrit Bussy-Rabutin racontant une audience qu'il avait obtenue du roi au commencement de sa disgrâce, Sire, lui dis-je, il y a trois

peu comment voir Dieu peut faire toute la gloire et tout le bonheur des saints (1).

78. Foibles hommes! Un grand dit de *Timagène*, votre ami, qu'il est un sot et il se trompe. Je ne demande pas que vous répliquiez qu'il est homme d'esprit : osez seulement penser qu'il n'est pas un sot.

De même il prononce d'*Ip 'crate* qu'il manque de cœur; vous lui avez fait faire une belle action : rassurez-vous, je vous dispense de la raconter, pourvu qu'après ce que vous venez d'entendre, vous vous souveniez encore de la lui avoir vu faire.

80. « Diseurs de bons mots, mauvais caractère » : je le dirois, s'il n'avoit été dit (2). Ceux qui nuisent à la réputation ou à la fortune des autres, plutôt que de perdre un bon mot, méritent une peine infamante : cela n'a pas été dit, et je l'ose dire.

83. La cour n'est jamais dénuée d'un certain nombre de gens en qui l'usage du monde, la politesse ou la fortune tiennent lieu d'esprit et suppléent au mérite. Ils savent entrer et sortir; ils se tirent de la conversation en ne s'y mêlant point; ils plaisent à force de se taire, et se rendent importants par un silence longtemps soutenu ou tout au plus par quelques monosyllabes; ils payent de mines, d'une inflexion de voix, d'un geste et d'un sourire; ils n'ont pas, si je l'ose dire, deux pouces de profondeur; si vous les enfoncez, vous rencontrerez le tuf (3).

---

semaines que je ne fais que languir, Votre Majesté ne daignait pas jeter les yeux sur moi. J'aime autant qu'elle me fasse mourir que de ne plus me regarder. Et, en disant cela, des larmes me vinrent aux yeux. »

(1) Saint-Simon a pu dire qu'il n'avait tenu qu'à Louis XIV de se faire adorer; à diverses reprises, il a peint avec vigueur l'orgueil de ce monarque. Divers écrits de l'époque attestent l'adulation dont le roi était l'objet; on peut signaler, entre autres monuments de ce genre : *Le Nouveau Panthéon ou le Rappòrt des divinités du paganisme et des héros de l'antiquité aux vertus et aux actions de Louis le Grand*, par de Nertron. Paris, 1686.

(2) Cf. Pascal, VI, 19. — Il, neutre : cela.

(3) Tuf. — « Rencontrer, trouver le tuf se dit lorsque, après s'être

86. Vous dépendez, dans une affaire qui est juste et importante, du consentement de deux personnes. L'un vous dit : « J'y donne les mains pourvu qu'un tel y condescende » ; et ce tel y condescend, et ne désire plus que d'être assuré des intentions de l'autre. Cependant rien n'avance ; les mois, les années s'écoulent inutilement : « Je m'y perds, dites-vous, et je n'y comprends rien ; il ne s'agit que de faire qu'ils s'abouchent, et qu'ils se parlent. » Je vous dis, moi, que j'y vois clair, et que j'y comprends tout : ils se sont parlé.

88. Si l'on ne se précautionne à la cour contre les piéges que l'on y tend sans cesse pour faire tomber dans le ridicule, l'on est étonné, avec tout son esprit, de se trouver la dupe de plus sots que soi.

96. *Straton* (1) est né sous deux étoiles : malheureux, heureux dans le même degré. Sa vie est un roman : non, il lui manque le vraisemblable. Il n'a point eu d'aventures ; il a eu de beaux songes, il en a eu de mauvais : que dis-je? on ne rêve point comme il a vécu. Personne n'a tiré d'une destinée plus qu'il a fait ; l'extrême et le médiocre lui sont connus : il a brillé, il a souffert, il a mené une vie commune : rien ne lui est échappé. Il s'est fait valoir par des vertus qu'il assuroit fort sérieusement qui étoient en lui ; il a dit de soi : *J'ai de l'esprit, j'ai du courage ;* et tous ont dit après lui : *Il a de l'esprit, il a du courage.* Il a exercé dans l'une et dans l'autre fortune le génie du courtisan, qui a dit de lui plus de bien peut-être et plus de mal qu'il n'y en avoit. Le joli, l'aimable, le rare, le merveilleux, l'héroïque ont été employés à son éloge ; et tout le contraire a servi depuis pour le ravaler ; caractère

fié à de belles apparences, on découvre que ce qui est dessous y répond mal. » (Littré.)

(1) Les clefs s'accordent à nommer le duc de Lauzun.
Cf. Madame de Sévigné, lettres du 15 décembre 1670, du 2 février 1689.

équivoque, mêlé, enveloppé; une énigme, une question presque indécise.

101. La ville dégoûte de la province; la cour détrompe de la ville et guérit de la cour.

Un esprit sain puise à la cour le goût de la solitude et de la retraite.

DES GRANDS

3. L'avantage des grands sur les autres hommes (1) est immense par un endroit : je leur cède leur bonne chère, leurs riches ameublements, leurs chiens, leurs chevaux, leurs singes, leurs nains, leurs fous et leurs flatteurs; mais je leur envie le bonheur d'avoir à leur service des gens qui les égalent par le cœur et par l'esprit, et qui les passent quelquefois (2).

7. « Il est vieux et usé, dit un grand, il s'est crevé à me suivre : qu'en faire? » Un autre, plus jeune, enlève ses espérances, et obtient le poste qu'on ne refuse à ce malheureux que parce qu'il l'a trop mérité.

8. « Je ne sais, dites-vous avec un air froid et dédaigneux, *Philanthe* a du mérite, de l'esprit, de l'agrément, de l'exactitude sur (3) son devoir, de la fidélité et de l'attachement pour son maître, et il en est médiocrement considéré; il ne plaît pas, il n'est pas goûté. » — Expliquez-vous : est-ce Philanthe, ou le grand qu'il sert, que vous condamnez?

(1) « Les grands croient être seuls parfaits..... Ils ont de grands domaines et une longue suite d'ancêtres : cela ne peut leur être contesté. » (La Bruyère, *Des Grands*, 19.) Malherbe disait que c'était une folie que de vanter sa noblesse; plus elle était ancienne, plus elle était douteuse.

(2) Passer, dans le sens de surpasser. « Il y en a de tels que s'ils pouvaient connaître leurs subalternes et se connaître eux-mêmes, ils auraient honte de primer. » (La Bruyère, *Des Grands*, 21.)

(3) Sur. Cf. *Des Biens de fortune*, 58, note 3.

15. Quelle est l'incurable maladie de *Théophile?* Elle lui dure depuis plus de trente années, il ne guérit point : il a voulu, il veut et il voudra gouverner les grands; la mort seule lui ôtera avec la vie cette soif d'empire et d'ascendant sur les esprits. Est-ce en lui zèle du prochain? Est-ce habitude? Est-ce une excessive opinion de soi-même? Il n'y a point de palais où il ne s'insinue : ce n'est pas au milieu d'une chambre qu'il s'arrête : il passe à une embrasure ou au cabinet; on attend qu'il ait parlé, et longtemps et avec action (1), pour avoir audience, pour être vu. Il entre dans le secret des familles; il est de quelque chose (2) dans tout ce qui leur arrive de triste ou d'avantageux; il prévient, il s'offre, il se fait de fête (3), il faut l'admettre. Ce n'est pas assez pour remplir son temps ou son ambition, que le soin de dix mille âmes dont il répond à Dieu comme de la sienne propre : il y en a d'un plus haut rang et d'une plus grande distinction dont il ne doit aucun compte, et dont il se charge plus volontiers. Il écoute, il veille sur tout ce qui peut servir de pâture à son esprit d'intrigue, de médiation et de manège. A peine un grand est-il débarqué (4), qu'il l'empoigne et s'en saisit; on entend plus tôt dire à Théophile qu'il le gouverne, qu'on n'a pu soupçonner qu'il pensoit à le gouverner (5).

(1) Véhémence dans le débit et dans les gestes.

(2) « Etre signifie aussi entrer en part, en société, s'intéresser. » (*Dict. de l'Académie.*)

(3) S'impose.

(4) Jacques II, roi d'Angleterre.

(5) Pour Théophile, les clefs s'accordent à désigner l'abbé Roquette dont Saint-Simon a tracé le portrait suivant :

« Il mourut alors (1707) un vieil évêque qui, toute sa vie, n'avait rien oublié pour faire fortune et être un personnage. C'étoit Roquette, homme de fort peu, qui avoit attrapé l'évêché d'Autun, et qui, à la fin, ne pouvant mieux, gouvernait les États de Bourgogne, à force de souplesse et de manége autour de M. le Prince. Il avoit été de toutes les couleurs : à Mme de Longueville, à M. le prince de Conti, son frère, au cardinal Mazarin, surtout abandonné aux jésuites. Tout sucre et tout miel, lié aux femmes importantes de ce temps-là, et entrant

24. Pendant que les grands négligent de rien connoître, je ne dis pas seulement aux intérêts des princes et aux affaires publiques, mais à leurs propres affaires; qu'ils ignorent l'économie (1) et la science d'un père de famille, et qu'ils se louent eux-mêmes de cette ignorance; qu'ils se laissent appauvrir et maîtriser par des intendants; qu'ils se contentent d'être gourmets ou *coteaux* (2), d'aller chez *Taïs* ou chez *Phryné;* de parler de la meute et de la vieille meute (3), de dire combien il y a de postes de Paris à Besançon, ou à Philisbourg, des citoyens s'instruisent du dedans et du dehors d'un royaume, étudient le gouvernement, deviennent fins et politiques, savent le fort et le foible de tout un État, songent à se mieux placer, se placent, s'élèvent, deviennent puissants, soulagent le prince d'une partie des soins publics. Les grands, qui les dédaignoient, les révèrent : heureux s'ils deviennent leurs gendres (4)!

25. Si je compare ensemble les deux conditions des hommes les plus opposées, je veux dire les grands avec le peuple, ce dernier me paroît content du nécessaire, et les autres sont inquiets et pauvres avec le superflu. Un homme du peuple ne sauroit faire aucun mal; un grand ne veut faire aucun bien, et est capable de grands maux. L'un ne se forme et ne s'exerce que dans les choses qui sont utiles; l'autre y joint les pernicieuses. Là se montrent ingénument la grossièreté et la franchise; ici se cache une sève maligne

dans toutes leurs intrigues. C'est sur lui que Molière prit son *Tartuffe*, et personne ne s'y méprit. L'archevêque de Reims passant à Autun avec toute la cour, et admirant son magnifique buffet : « Vous voyez « là, lui dit l'évêque, le bien des pauvres. — Il me semble, lui « répondit brutalement l'archevêque, que vous auriez pu leur épar- « gner la façon. » Sur la fin il se mit à courtiser le roi et la reine d'Angleterre. Tout lui étoit bon à espérer, à se fourrer, à tortiller. »

(1) L'art d'administrer une maison.

(2) Synonyme de friand.

(3) « On appelle chiens de meute les premiers chiens qu'on donne au *laisser-courre*, et vieille meute les seconds chiens qu'on donne après les premiers. » (*Dict. de Furetière.*)

(4) Cf. *De Quelques Usages*, 10, 11, 12.

et corrompue sous l'écorce de la politesse. Le peuple n'a guère d'esprit, et les grands n'ont point d'âme : celui-là a un bon fond, et n'a point de dehors; ceux-ci n'ont que des dehors et qu'une simple superficie. Faut-il opter? Je ne balance pas : je veux être peuple (1).

26. Quelque profonds que soient les grands de la cour, et quelque art qu'ils aient pour paroître ce qu'ils ne sont pas et pour ne point paroître ce qu'ils sont, ils ne peuvent cacher leur malignité et leur extrême pente à rire aux dépens d'autrui, et à jeter un ridicule souvent où il n'y en peut avoir. Ces beaux talents se découvrent en eux du premier coup d'œil, admirables sans doute pour envelopper (2) une dupe et rendre sot celui qui l'est déjà, mais encore plus propres à leur ôter tout le plaisir qu'ils pourroient tirer d'un homme d'esprit, qui sauroit se tourner et se plier en mille manières agréables et réjouissantes, si le dangereux caractère du courtisan ne l'engageoit pas à une fort grande retenue. Il lui oppose un caractère sérieux, dans lequel il se retranche; et il fait si bien que les railleurs, avec des intentions si mauvaises, manquent d'occasions de se jouer de lui.

28. Un grand aime la Champagne, abhorre la Brie (3); il s'enivre de meilleur vin que l'homme du peuple : seule différence que la crapule laisse entre les conditions les plus disproportionnées entre le seigneur et l'estafier (4).

32. Il y a des hommes nés inaccessibles, et ce sont précisément ceux de qui les autres ont besoin, de qui ils

(1) « Jusqu'à l'expression, tout dans cette phrase semble inspiré par l'esprit de la Révolution. » (Taine, *Nouv. Essais.*) La Bruyère précurseur de la Révolution! Cf. *Des Grands*, 52 : « Nous devons les honorer (les grands) parce qu'ils sont grands et que nous sommes petits, et qu'il y en a d'autres plus petits que nous qui nous honorent. » Cette maxime de La Bruyère permet-elle de le considérer comme un destructeur de toute inégalité sociale?

(2) Prendre comme dans un filet.

(3) Le vin de Champagne, de Brie.

(4) Cf. *De la Mode*, 7.

dépendent. Ils ne sont jamais que sur un pied ; mobiles comme le mercure, ils pirouettent, ils gesticulent, ils crient, ils s'agitent ; semblables à ces figures de carton qui servent de montre à une fête publique, ils jettent feu et flammes, tonnent et foudroient : on n'en approche pas, jusqu'à ce que venant à s'éteindre, ils tombent, et par leur chute deviennent traitables, mais inutiles.

33. Le suisse, le valet de chambre, l'homme de livrée, s'ils n'ont plus d'esprit que ne porte (1) leur condition, ne jugent plus d'eux-mêmes par leur première bassesse (2), mais par l'élévation et la fortune des gens qu'ils servent, et mettent tous ceux qui entrent par leur porte, et montent leur escalier, indifféremment au-dessous d'eux et de leurs maîtres : tant il est vrai qu'on est destiné à souffrir des grands et de ce qui leur appartient !

41. S'il est vrai qu'un grand donne plus à la fortune lorsqu'il hasarde une vie destinée à couler dans les ris, le plaisir et l'abondance, qu'un particulier qui ne risque que des jours qui sont misérables, il faut avouer aussi qu'il a un tout autre dédommagement, qui est la gloire et la haute réputation. Le soldat ne sent pas qu'il soit connu, il meurt obscur et dans la foule.....

Jetez-moi dans les troupes comme un simple soldat, je suis Thersite (3) ; mettez-moi à la tête d'une armée dont j'ai à répondre à toute l'Europe, je suis ACHILLE.

44. C'est une pure hypocrisie à un homme d'une certaine élévation de ne pas prendre d'abord le rang qui lui est dû, et que tout le monde lui cède : il ne lui coûte rien d'être modeste, de se mêler dans la multitude qui va s'ouvrir pour lui, de prendre dans une assemblée une dernière place, afin que tous l'y voient et s'empressent de l'en ôter. La modestie est d'une pratique plus amère aux

(1) Plus que ne comporte.
(2) Obscurité de la naissance ou de la condition.
(3) Personnage de l'*Iliade*, devenu le type du lâche insolent.

hommes d'une condition ordinaire : s'ils se jettent dans la foule, on les écrase; s'ils choisissent un poste incommode, il leur demeure.

47. Les grands ne doivent point aimer les premiers temps : ils ne leur sont point favorables; il est triste pour eux d'y voir que nous sortions tous du frère et de la sœur. Les hommes composent ensemble une même famille : il n'y a que le plus ou le moins dans le degré de parenté (1).

48. *Théognis* est recherché dans son ajustement (2), et il sort paré comme une femme; il n'est pas hors de sa maison, qu'il a déjà ajusté (3) ses yeux et son visage, afin que ce soit une chose faite quand il sera dans le public, qu'il y paroisse tout concerté (4), que ceux qui passent le trouvent déjà gracieux et leur souriant, et que nul ne lui échappe. Marche-t-il dans les salles, il se tourne à droit (5), où il y a un grand monde, et à gauche, où il n'y a personne; il salue ceux qui y sont et ceux qui n'y sont pas. Il embrasse un homme qu'il trouve sous sa main, il lui presse la tête contre sa poitrine; il demande ensuite qui est celui qu'il a embrassé. Quelqu'un a besoin de lui dans une affaire qui est facile; il va le trouver, lui fait sa prière : Théognis l'écoute favorablement, il est ravi de lui être bon à quelque chose, il le conjure de faire naître des occasions de lui rendre service; et comme celui-ci insiste sur son affaire, il

(1) Cf. *De Quelques Usages*, 10, 11, 12 : « Le besoin d'argent a réconcilié la noblesse avec la roture et a fait évanouir la preuve des quatre quartiers. » — « A combien d'enfants seroit utile la loi qui décideroit que c'est le ventre qui anoblit! mais à combien d'autres serait-elle contraire? » — « Il y a peu de familles dans le monde qui ne touchent aux plus grands princes par une extrémité, et par l'autre au simple peuple. »

(2) Habillement, parure.

(3) Il s'est donné une contenance étudiée.

(4) Le mot n'est pas pris en mauvaise part.

(5) Cf. Boileau, sat. IV :

> Les voyageurs sans guide assez souvent s'égarent,
> L'un à droite, l'autre à gauche.

lui dit qu'il ne la fera point ; il le prie de se mettre à sa place ; il l'en fait juge. Le client sort, reconduit, caressé, confus, presque content d'être refusé.

59. *Pamphile* (1) ne s'entretient pas avec les gens qu'il rencontre dans les salles ou dans les cours : si l'on en croit sa gravité et l'élévation de sa voix, il les reçoit, leur donne audience, les congédie ; il a des termes tout à la fois civils et hautains, une honnêteté impérieuse et qu'il emploie sans discernement. Il a une fausse grandeur qui l'abaisse, et qui embarrasse fort ceux qui sont ses amis, et qui ne veulent pas le mépriser.

Un Pamphile est plein de lui-même, ne se perd pas de vue, ne sort point de l'idée de sa grandeur, de ses alliances, de sa charge, de sa dignité ; il ramasse, pour ainsi dire, toutes ses pièces, s'en enveloppe pour se faire valoir ; il dit : *Mon ordre, mon cordon bleu ;* il l'étale ou il le cache par ostentation. Un Pamphile en un mot veut être grand, il croit l'être ; il ne l'est pas, il est d'après un grand. Si quelquefois il sourit à un homme du dernier ordre, à un homme d'esprit, il choisit son temps si juste, qu'il n'est jamais pris sur le fait : aussi la rougeur lui monteroit-elle au visage, s'il étoit malheureusement surpris dans la moindre familiarité avec quelqu'un qui n'est ni opulent, ni puissant, ni ami d'un ministre, ni son allié, ni son domestique (2). Il est sévère et inexorable à qui n'a point encore fait sa fortune. Il vous aperçoit un jour dans une galerie, et il vous fuit ; et le lendemain, s'il vous trouve en un endroit moins public, ou, s'il est public, en la compagnie d'un grand, il prend courage, il vient à vous, et il vous dit : *Vous ne faisiez pas hier semblant de nous voir*. Tantôt il vous quitte brusquement pour joindre un seigneur ou un premier commis, et tantôt, s'il les trouve

(1) Le marquis de Dangeau.

(2) On entendait par domestiques tous ceux qui faisaient partie de la maison d'un grand seigneur, depuis les gentilshommes jusqu'aux laquais.

avec vous en conversation, il vous coupe et vous les enlève. Vous l'abordez une autre fois, et il ne s'arrête pas ; il se fait suivre, vous parle si haut que c'est une scène pour ceux qui passent. Aussi les Pamphiles sont-ils toujours comme sur un théâtre : gens nourris dans le faux, et qui ne haïssent rien tant que d'être naturels ; vrais personnages de comédie, des *Floridors*, des *Mondoris* (1).

53. A la cour, à la ville, mêmes passions, mêmes foiblesses, mêmes petitesses, mêmes travers d'esprit, mêmes brouilleries dans les familles et entre les proches, mêmes envies, mêmes antipathies. Partout des brus et des belles-mères, des maris et des femmes, des divorces, des ruptures et de mauvais raccommodements; partout des humeurs, des colères, des partialités, des rapports, et ce qu'on appelle de mauvais discours. Avec de bons yeux on voit sans peine la petite ville, la rue Saint-Denis, comme transportées à V** ou à F** (2). Ici l'on croit se haïr avec plus de fierté et de hauteur, et peut-être avec plus de dignité : on se nuit réciproquement avec plus d'habileté et de finesse ; les colères sont plus éloquentes, et l'on se dit des injures plus poliment et en meilleurs termes ; l'on n'y blesse point la pureté de la langue ; l'on n'y offense que les hommes ou que leur réputation ; tous les dehors du vice y sont spécieux ; mais le fond, encore une fois, y est le même que dans les conditions les plus ravalées ; tout le bas, tout le foible et tout l'indigne s'y trouvent. Ces hommes si grands ou par leur naissance, ou par leur faveur, ou par leurs dignités, ces têtes si fortes et si habiles, ces femmes si polies et si spirituelles, tous méprisent le peuple, et ils sont peuple.

56. L'on doit se taire sur les puissants : il y a presque toujours de la flatterie à en dire du bien ; il y a du péril à en dire du mal pendant qu'ils vivent, et de la lâcheté quand ils sont morts.

(1) Deux comédiens célèbres du temps.
(2) A Versailles ou à Fontainebleau.

DU SOUVERAIN

OU

DE LA RÉPUBLIQUE

---

1. Quand l'on parcourt, sans la prévention de son pays, toutes les formes de gouvernement, l'on ne sait à laquelle se tenir : il y a dans toutes le moins bon et le moins mauvais. Ce qu'il y a de plus raisonnable et de plus sûr, c'est d'estimer celle où l'on est né la meilleure de toutes, et de s'y soumettre (1).

4. Il n'y a point de patrie dans le despotique ; d'autres choses y suppléent : l'intérêt, la gloire, le service du prince (2).

9. La guerre a pour elle l'antiquité ; elle a été dans tous les siècles : on l'a toujours vue remplir le monde de veuves et d'orphelins, épuiser les familles d'héritiers, et faire périr les frères à une même bataille... De tout temps, les hommes, pour quelque morceau de terre de plus ou de moins, sont convenus entre eux de se dépouiller, se brûler, se tuer, s'égorger les uns les autres ; et pour le faire plus

(1) « S'il eût eu (La Boétie) à choisir, il eût mieux aimé être né à Venise qu'à Sarlat, et avec raison. Mais il avait une autre maxime souverainement empreinte en son âme : d'obéir et de se soumettre religieusement aux lois sous lesquelles il était né. » (Montaigne.)

(2) Cf. Montesquieu, *Esprit des lois*, III, V, VI.

ingénieusement et avec plus de sûreté, ils ont inventé de belles règles qu'on appelle l'art militaire ; ils ont attaché à la pratique de ces règles la gloire ou la plus solide réputation ; et ils ont depuis enchéri (1) de siècle en siècle sur la manière de se détruire réciproquement. De l'injustice (2) des premiers hommes, comme de son unique source, est venue la guerre, ainsi que la nécessité où ils se sont trouvés de se donner des maîtres qui fixassent leurs droits et leurs prétentions. Si, content du sien, on eût pu s'abstenir du bien de ses voisins, on avoit pour toujours la paix et la liberté.

11. *Démophile*, à ma droite, se lamente et s'écrie : « Tout est perdu, c'est fait de l'État ; il est du moins sur le penchant de sa ruine. Comment résister à une si forte et si générale conjuration (3)? Quel moyen, je ne dis pas d'être supérieur, mais de suffire seul à tant et de si puissants ennemis? Cela est sans exemple dans la monarchie. Un héros, un ACHILLE y succomberoit. On a fait, ajoute-t-il, de lourdes fautes : je sais bien ce que je dis, je suis du métier, j'ai vu la guerre, et l'histoire m'en a beaucoup appris. » Il parle là-dessus avec admiration d'Olivier le Daim et de Jacques Cœur (4) : C'étoient là des hommes, dit-il, c'étoient des ministres. » Il débite ses nouvelles, qui sont toutes les plus tristes et les plus désavantageuses que l'on pourroit feindre : tantôt un parti des nôtres a été attiré dans une embuscade et taillé en pièces; tantôt quelques troupes enfermées dans un château se sont rendues

(1) Enchéri. *Cf. De la Société et de la Conversation*, n° 65, note 2.

(2) « Sera-t-on injuste et ravisseur pour quelques arpents de terre? Sera-t-on juste, sera-t-on héros quand on prend des provinces? » (Fénelon, *Télémaque*, XVII.)

(3) Allusion à la ligue d'Augsbourg.

(4) En associant ainsi ces deux noms, La Bruyère, dit M. Servois, fait injure à la mémoire du second. Mais c'est Démophile l'alarmiste qui parle, qui fait parade de son érudition; « il a vu la guerre, *et l'histoire lui en a beaucoup appris* ».

aux ennemis à discrétion, et ont passé (1) par le fil de l'épée; et si vous lui dites que ce bruit est faux et qu'il ne se confirme point, il ne vous écoute pas, il ajoute qu'un tel général a été tué; et bien qu'il soit vrai qu'il n'a reçu qu'une légère blessure, et que vous l'en assuriez, il déplore sa mort, il plaint sa veuve, ses enfants, l'État, il se plaint lui-même : *Il a perdu un bon ami et une grande protection.* Il dit que la cavalerie allemande est invincible ; il pâlit au seul nom des cuirassiers de l'Empereur. « Si l'on attaque cette place, continue-t-il, on lèvera le siège. Ou l'on demeurera sur la défensive sans livrer de combat; ou, si on le livre, on le doit perdre; et, si on le perd, voilà l'ennemi sur la frontière. » Et comme Démophile le fait voler (2), le voilà dans le cœur du royaume: il entend déjà sonner le beffroi des villes, et crier à l'alarme; il songe à son bien et à ses terres : où conduira-t-il son argent, ses meubles, sa famille? où se réfugiera-t-il? en Suisse, ou à Venise?

Mais, à ma gauche, *Basilide* met tout d'un coup sur pied une armée de trois cent mille hommes; il n'en rabattroit pas une seule brigade : il a la liste des escadrons et des bataillons, des généraux et des officiers; il n'oublie pas l'artillerie ni le bagage. Il dispose absolument de toutes ces troupes : il en envoie tant en Allemagne et tant en Flandre ; il réserve un certain nombre pour les Alpes, un peu moins pour les Pyrénées, et il fait passer la mer à ce qui lui reste. Il connoît les marches de ses armées, il sait ce qu'elles feront et ce qu'elles ne feront pas; vous diriez qu'il ait (3) l'oreille du prince ou le secret du ministre. Si les ennemis viennent de perdre une bataille (4) où il soit demeuré sur place quelques (5) neuf à dix mille hommes des leurs, il en

(1) Ont été passées, dirait-on aujourd'hui.
(2) « Ils (les nouvellistes) font voler les armées comme les grues, et tomber les murailles comme des cartons, etc. » (*Lettres persanes*, 130.)
(3) On emploierait aujourd'hui l'indicatif présent.
(4) Allusion probable à la bataille de Fleurus.
(5) *Quelque* est invariable devant un adjectif de nombre. Au temps de La Bruyère, la règle n'était pas encore bien fixée.

compte jusqu'à trente mille, ni plus ni moins; car ses nombres (1) sont toujours fixes et certains, comme (2) de celui qui est bien informé. S'il apprend le matin que nous avons perdu une bicoque, non seulement il envoie s'excuser à ses amis qu'il a la veille conviés à dîner, mais même ce jour-là il ne dîne point, et s'il soupe, c'est sans appétit. Si les nôtres assiégent une place très-forte, très-régulière (3), pourvue de vivres et de munitions, qui a une bonne garnison commandée par un homme d'un grand courage, il dit que la ville a des endroits foibles et mal fortifiés, qu'elle manque de poudre, que son gouverneur manque d'expérience, et qu'elle capitulera après huit jours de tranchée ouverte. Une autre fois il accourt tout hors d'haleine, et après avoir respiré un peu : « Voilà, s'écrie-t-il, une grande nouvelle: ils sont défaits, et à plate couture (4); le général, les chefs, du moins une bonne partie, tout est tué, tout a péri. Voilà, continue-t-il, un grand massacre, et il faut convenir que nous jouons d'un grand bonheur. » Il s'assied, il souffle, après avoir débité sa nouvelle, à laquelle il ne manque qu'une circonstance, qui est qu'il est certain qu'il n'y a point eu de bataille... Il sait par une voie indubitable que T. K. L. (5) fait de grands progrès contre l'Empereur; que le Grand Seigneur arme *puissamment*, ne veut point de paix, et que son vizir va se montrer une autre fois aux portes de Vienne (6). Il frappe des mains, et il tressaille sur cet événement, dont il ne doute plus. La triple alliance (7) chez lui est un Cerbère, et les ennemis autant de monstres à assommer. Il ne parle que de lauriers,

(1) Ses chiffres.
(2) Comme le sont ceux (les nombres) de celui qui... Ellipse du pronom démonstratif.
(3) « Une place dont la fortification fait une figure régulière et dont les bastions sont égaux. » (*Dict. de l'Acad.* 1694.)
(4) Rabattre les coutures, c'est les replier, les aplatir sous le carreau. Fig. : battre, rabaisser. — D'écrire, comme fait La Bruyère, *défaits à plate couture*, la métaphore n'est-elle pas incohérente?
(5) T. K. L., Tekeli, Hongrois révolté contre l'Empire.
(6) Allusion au siège de Vienne par Kara-Mustapha.
(7) L'Empire, l'Espagne, la Hollande.

que de palmes, que de triomphes et que de trophées. Il dit dans le discours familier : *Notre auguste Héros, notre grand Potentat, notre invincible Monarque.* Réduisez-le, si vous pouvez, à dire simplement : *Le roi a beaucoup d'ennemis, ils sont puissants, ils sont unis, ils sont aigris : il les a vaincus, j'espère toujours qu'il les pourra vaincre.* Ce style, trop ferme et trop décisif pour Démophile, n'est pour Basilide ni assez pompeux ni assez exagéré ; il a bien d'autres expressions en tête : il travaille aux inscriptions des arcs et des pyramides qui doivent orner la ville capitale un jour d'entrée; et dès qu'il entend dire que les armées sont en présence, ou qu'une place est investie, il fait déplier sa robe et la mettre à l'air, afin qu'elle soit toute prête pour la cérémonie de la cathédrale.

24. La science des détails, ou une diligente attention aux moindres besoins de la république, est une partie essentielle au bon gouvernement, trop négligée à la vérité dans les derniers temps par les rois et par les ministres, mais qu'on ne peut trop souhaiter dans le souverain qui l'ignore, ni assez estimer dans celui qui la possède (1)... Que me servirait comme à tout le peuple, que le prince fût heureux et comblé de gloire par lui-même et par les siens, que ma patrie fût puissante et formidable, si, triste et inquiet, j'y vivois dans l'oppression ou dans l'indigence; si, à couvert des courses de l'ennemi, je me trouvois exposé dans les places ou dans les rues d'une ville au fer d'un assassin, et que je craignisse moins dans l'horreur de la nuit d'être pillé

(1) Fénelon, dans le portrait qu'il trace de son Idoménée (*Télémaque*, XVII), a vivement critiqué cette disposition d'esprit. Saint-Simon en parle avec encore moins de ménagements. « Son esprit (de Louis XIV), naturellement porté au petit, se plut en toutes sortes de détails, etc. » Sans doute il n'est pas bon qu'un gouvernant abaisse son esprit jusqu'aux minuties et se « noie dans les détails »; mais suffit-il de former de grands desseins? Il faut aussi en assurer l'exécution. Ne s'est-on jamais plaint, même sous l'ancien régime, de l'incurie, de la négligence des bureaux et des commis ?

Il n'est, pour voir, que l'œil du maître

ou massacré dans d'épaisses forêts que dans ses carrefours (1); si la sûreté, l'ordre et la propreté ne rendoient pas le séjour des villes si délicieux, et n'y avoient pas amené, avec l'abondance, la douceur de la société; si, foible et seul de mon parti, j'avois à souffrir dans ma métairie du voisinage d'un grand, et si l'on avoit moins pourvu à me faire justice de ses entreprises; si je n'avois pas sous ma main autant de maîtres, et d'excellents maîtres, pour élever mes enfants dans les sciences ou dans les arts qui feront un jour leur établissement; si par la facilité du commerce, il m'étoit moins ordinaire de m'habiller de bonnes étoffes, et de me nourrir de viandes saines, et de les acheter peu; si enfin, par les soins du prince, je n'étois pas aussi content de ma fortune, qu'il doit lui-même par ses vertus l'être de la sienne?

28. Il y a un commerce ou un retour de devoirs du souverain à ses sujets, et de ceux-ci au souverain : quels sont les plus assujettissants, et les plus pénibles (2), je ne le déciderai pas. Il s'agit de juger, d'un côté, entre les étroits engagements du respect, des secours, des services, de l'obéissance, de la dépendance; et d'un autre, les obligations indispensables de bonté, de justice, de soins, de défense, de protection. Dire qu'un prince est arbitre de la vie des hommes, c'est dire seulement que les hommes par leurs crimes deviennent naturellement soumis aux lois et à la justice, dont le prince est le dépositaire : ajouter qu'il est maître absolu de tous les biens de ses sujets (3), sans égards, sans compte ni discussions, c'est le langage de la flatterie, c'est l'opinion d'un favori qui se dédira à l'agonie.

29. Quand vous voyez quelquefois un nombreux trou-

(1) Cf. Boileau, sat. II.
(2) « Si c'est trop de se trouver chargé d'une seule famille, si c'est assez d'avoir à répondre de soi seul, quel poids, quel accablement que celui de tout un royaume! » (La Bruyère, *Du Souverain*, n° 34.)
(3) C'était l'opinion de Louis XIV et qu'il a exprimée dans ses *Mémoires*.

peau, qui répandu sur une colline vers le déclin d'un beau jour, paît tranquillement le thym et le serpolet, ou qui broute dans une prairie une herbe tendre et menue qui a échappé à la faux du moissonneur, le berger, soigneux et attentif, est debout auprès de ses brebis; il ne les perd pas de vue, il les suit, il les conduit, il les change de pâturage; si elles se dispersent, il les rassemble; si un loup avide paroît, il lâche son chien, qui le met en fuite; il les nourrit, il les défend; l'aurore le trouve déjà en pleine campagne, d'où il ne se retire qu'avec le soleil : quels soins! quelle vigilance! quelle servitude! Quelle condition vous paroît la plus délicieuse et la plus libre, ou du berger ou des brebis? le troupeau est-il fait pour le berger, ou le berger pour le troupeau? Image naïve des peuples et du prince qui les gouverne, s'il est bon prince.

Le faste et le luxe dans un souverain, c'est le berger habillé d'or et de pierreries, la houlette d'or en ses mains; son chien a un collier d'or, il est attaché avec une laisse d'or et de soie. Que sert tant d'or à son troupeau ou contre les loups (1)?

(1) Si Louis XIV s'habillait simplement, par politique il encourageait le luxe chez les courtisans. « Depuis environ trente ans, vos principaux ministres ont ébranlé et renversé toutes les anciennes maximes de l'État pour faire monter jusqu'au comble votre autorité, qui était la leur, puisqu'elle était dans leurs mains. On n'a plus parlé de l'État et des règles, on n'a parlé que du roi et de son bon plaisir. On a poussé vos revenus et vos dépenses à l'infini. On vous a élevé jusqu'au ciel pour avoir effacé, disait-on, la grandeur de vos prédécesseurs ensemble, c'est-à-dire pour avoir appauvri la France entière, afin d'introduire à la cour un luxe monstrueux et incurable. » (Fénelon, fragment d'une lettre à Louis XIV.) Cette lettre contraste étrangement avec les éloges et les panégyriques de l'époque, où toutes les formes de l'idolâtrie étaient épuisées, quand il s'agissait du Grand Roi; on comprend que l'origine de ce document ait été contestée.

DE L'HOMME

1. Ne nous emportons point contre les hommes en voyant leur dureté, leur ingratitude, leur injustice, leur fierté, l'amour d'eux-mêmes et l'oubli des autres : ils sont ainsi faits, c'est leur nature; c'est de ne pouvoir supporter que la pierre tombe ou que le feu s'élève (1).

7. Ménalque (2) descend son escalier, ouvre sa porte pour sortir, il la referme : il s'aperçoit qu'il est en bonnet de nuit, et venant à mieux s'examiner, il se trouve rasé à moitié, il voit que son épée est mise du côté droit, que ses bas sont rabattus sur ses talons, et que sa chemise est par-dessus ses chausses (3). S'il marche dans les places, il se sent tout d'un coup rudement frapper à l'estomac ou au visage; il ne soupçonne point ce que ce peut être, jusqu'à ce que, ouvrant les yeux et se réveillant, il se trouve ou devant un limon de charrette, ou derrière un long ais (4) de menuiserie que porte un ouvrier sur ses épaules. On l'a vu une fois heurter du front contre celui d'un aveugle, s'embarrasser dans ses jambes, et tomber avec lui chacun de son côté à la renverse.

(1) Cf. *le Misanthrope*, I, 1 (173-178).
(2) « Ceci est moins un caractère particulier qu'un recueil de faits de distractions. » (Note de La Bruyère.)
(3) Vêtement qui couvrait la cuisse et les jambes; on distinguait le haut-de-chausses et le bas-de-chausses.
(4) Boileau, sat. VI :

L'un me heurte d'un ais dont je suis tout froissé.

. . . Il entre à l'appartement (1) et passe sous un lustre où sa perruque s'accroche et demeure suspendue : tous les courtisans regardent et rient ; Ménalque regarde aussi et rit plus haut que les autres, il cherche des yeux dans toute l'assemblée où est celui qui montre ses oreilles, et à qui il manque une perruque. S'il va par la ville, après avoir fait quelque chemin, il se croit égaré, il s'émeut, et il demande où il est à des passants, qui lui disent précisément le nom de sa rue; il entre ensuite dans sa maison, d'où il sort précipitamment, croyant qu'il s'est trompé. Il descend du palais (2), et trouvant au bas du grand degré (3) un carrosse qu'il prend pour le sien, il se met dedans : le cocher touche (4) et croit ramener son maître dans sa maison ; Ménalque se jette hors de la portière, traverse la cour, monte l'escalier, parcourt l'antichambre, la chambre, le cabinet ; tout lui est familier, rien ne lui est nouveau ; il s'assied, il se repose, il est chez soi. Le maître arrive : celui-ci se lève pour le recevoir ; il le traite fort civilement, le prie de s'asseoir et croit faire les honneurs de sa chambre ; il parle, il rêve, il reprend la parole : le maître de la maison s'ennuie, et demeure étonné; Ménalque ne l'est pas moins, et ne dit pas ce qu'il pense : il a affaire à un fâcheux, à un homme oisif, qui se retirera à la fin, il l'espère, et il prend patience : la nuit arrive qu'il est à peine détrompé. Une autre fois il rend visite à une femme, et se persuadant bientôt que c'est lui qui la reçoit, il s'établit dans son fauteuil, et ne songe nullement à l'abandonner : il trouve ensuite que cette dame fait ses visites longues, il attend à tous les moments qu'elle se lève et le laisse en liberté ; mais comme cela tire en longueur, qu'il a faim, et que la nuit est déjà avancée, il la prie à souper : elle rit, et si haut, qu'elle le réveille. . . . .

Il a une fois perdu au jeu tout l'argent qui est dans sa

(1) Cf. *De la Cour*, n° 32.
(2) Le Palais de Justice.
(3) Le grand escalier du Palais.
(4) Touche ses chevaux du fouet pour les faire partir.

bourse, et voulant continuer de jouer, il entre dans son cabinet, ouvre une armoire, y prend sa cassette, en tire ce qui lui plaît, croit la remettre où il l'a prise : il entend aboyer dans son armoire qu'il vient de fermer; étonné de ce prodige, il l'ouvre une seconde fois, et il éclate de rire d'y voir son chien, qu'il a serré (1) pour sa cassette. Il joue au trictrac, il demande à boire, on lui en apporte; c'est à lui à jouer, il tient le cornet d'une main et un verre de l'autre, et comme il a une grande soif, il avale les dés et presque le cornet, jette le verre d'eau dans le trictrac, et inonde celui contre qui il joue. Et dans une chambre où il est familier, il crache sur le lit et jette son chapeau à terre en croyant faire le contraire. Il se promène sur l'eau et il demande quelle heure il est : on lui présente une montre; à peine l'a-t-il reçue, que ne songeant plus ni à l'heure ni à la montre, il la jette dans la rivière, comme une chose qui l'embarrasse. Lui-même écrit une longue lettre, met de la poudre dessus à plusieurs reprises, et jette toujours la poudre dans l'encrier. Ce n'est pas tout : il écrit une seconde lettre, et après les avoir cachetées toutes deux, il se trompe à l'adresse; un duc et pair reçoit l'une de ces deux lettres, et en l'ouvrant, il lit ces mots : *Maître Olivier, ne manquez, sitôt la présente reçue, de m'envoyer ma provision de foin...* Son fermier reçoit l'autre, il l'ouvre et se la fait lire; on y trouve : *Monseigneur, j'ai reçu avec une soumission aveugle les ordres qu'il a plu à Votre Grandeur* (2)... Lui-même encore écrit une lettre pendant la nuit, et après l'avoir cachetée, il éteint sa bougie : il ne laisse pas d'être surpris de ne voir *goutte*, et il sait à peine comment cela est arrivé.....

(1) Serrer, mettre une chose en un lieu où elle ne court aucun risque.

Laurent, serrez ma haire avec ma discipline.

(*Le Tartuffe*, III, 2, 853.)

(2) Cf. lettre de Mme de Sévigné du 2 juin 1672.

9. ..... Ce qu'on appelle humeur est une chose trop négligée parmi les hommes : ils devroient comprendre qu'il ne leur suffit pas d'être bons, mais qu'ils doivent encore paroître tels (1), du moins s'ils tendent à être sociables, capables d'union et de commerce, c'est-à-dire à être des hommes.....

35. *Irène* se transporte à grands frais en Epidaure (2), voit Esculape dans son temple, et le consulte sur tous ses maux. D'abord elle se plaint qu'elle est lasse et recrue (3) de fatigue ; et le dieu prononce que cela lui arrive par la longueur du chemin qu'elle vient de faire. Elle dit qu'elle est le soir sans appétit ; l'oracle lui ordonne de dîner peu. Elle ajoute qu'elle est sujette à des insomnies ; et il lui prescrit de n'être au lit que pendant la nuit. Elle lui demande pourquoi elle devient pesante, et quel remède ; l'oracle lui répond qu'elle doit se lever avant midi, et quelquefois se servir de ses jambes pour marcher. Elle lui déclare que le vin lui est nuisible : l'oracle lui dit de boire de l'eau ; qu'elle a des indigestions : et il ajoute qu'elle fasse diète. « Ma vue s'affoiblit, dit Irène. — Prenez des lunettes, dit Esculape. — Je m'affoiblis moi-même, continue-t-elle, et je ne suis ni si forte ni si saine que j'ai été. — C'est, dit le dieu, que vous vieillissez. — Mais quel moyen de guérir de cette langueur? — Le plus court, Irène, c'est de mourir, comme ont fait votre mère et votre aïeule. — Fils d'Apollon, s'écrie Irène, quel conseil me donnez-vous? Est-ce là toute cette science que les hommes publient, et qui vous fait révérer de de toute la terre? Que m'apprenez-vous de rare et de mystérieux? et ne savois-je pas tous ces remèdes que vous m'enseignez? — Que n'en usiez-vous donc, répond le dieu, sans venir me chercher de si loin, et abréger vos jours par un long voyage? »

(1) « Il était officieux, doux et sans humeur, même dans l'intérieur de son domestique. » (Fontenelle, *Éloge de Sauveur*.)
(2) Ville d'Argolide, célèbre par un temple et un oracle d'Esculape.
(3) Harassée. Cf. *De la Ville*, n° 9, note 1.

54. Il n'y a nuls vices extérieurs et nuls défauts du corps qui ne soient aperçus par les enfants; ils les saisissent d'une première vue, et ils savent les exprimer par des mots convenables(1) : on ne nomme point plus heureusement. Devenus hommes, ils sont chargés à leur tour de toutes les imperfections dont ils se sont moqués.

L'unique soin des enfants est de trouver l'endroit foible de leurs maîtres, comme de tous ceux à qui ils sont soumis : dès qu'ils ont pu les *entamer*(2), ils gagnent le dessus, et prennent sur eux un ascendant qu'ils ne perdent plus. Ce qui nous fait déchoir une première fois de cette supériorité à leur égard est toujours ce qui nous empêche de la recouvrer.

55. La paresse, l'indolence et l'oisiveté, vices si naturels aux enfants, disparoissent dans leurs jeux, où ils sont vifs, appliqués, exacts, amoureux des règles et de la symétrie, où ils ne se pardonnent nulle faute les uns aux autres, et recommencent eux-mêmes plusieurs fois une seule chose qu'ils ont manquée : présages certains qu'ils pourront un jour négliger leurs devoirs, mais qu'ils n'oublieront rien pour leurs plaisirs.

60. On ne vit point assez pour profiter de ses fautes. On en commet pendant tout le cours de sa vie; et tout ce que l'on peut faire à force de faillir, c'est de mourir corrigé.

Il n'y a rien qui rafraîchisse le sang comme d'avoir su éviter de faire une sottise(3).

64. Nous faisons par vanité ou par bienséance les mêmes choses, avec les mêmes dehors, que nous les ferions par inclination ou par devoir(4). Tel(5) vient de mourir à Paris de

(1) Expressifs.

(2) Entamer quelqu'un, avoir de l'avantage sur lui; pénétrer les sentiments secrets de quelqu'un; familièrement, trouver le défaut de la cuirasse.

(3) « C'est une figure heureuse que celle qui tranforme ainsi en sensation le sentiment qu'on veut exprimer. » (Suard.)

(4) « La vertu n'irait pas loin si la vanité ne lui tenait compagnie. » (La Rochefoucauld, *Maximes*, 200.)

(5) Les clefs désignent le prince de Conti. Il mourut de la petite

la fièvre qu'il a gagnée à veiller sa femme qu'il n'aimoit point.

69. La modestie n'est point, ou est confondue avec une chose toute différente de soi si on la prend pour un sentiment intérieur qui avilit (1) l'homme à ses propres yeux, et qui est une vertu surnaturelle qu'on appelle humilité. L'homme, de sa nature, pense hautement et superbement de lui-même, et ne pense ainsi que de lui-même : la modestie ne tend qu'à faire que personne n'en souffre; elle est une vertu du dehors et règle ses yeux, sa démarche, ses paroles, son ton de voix, et qui le fait agir extérieurement avec les autres, comme s'il n'étoit point vrai qu'il les compte pour rien.

72. Notre vanité et la trop grande estime que nous avons de nous-mêmes nous fait soupçonner dans les autres une fierté à notre égard qui y est quelquefois et qui souvent n'y est pas : une personne modeste n'a point cette délicatesse (2).

74. D'où vient qu'*Alcippe* me salue aujourd'hui, me sourit et se jette hors d'une portière de peur de me manquer (3) ? Je ne suis pas riche et je suis à pied ; il doit, dans les règles, ne me pas voir. N'est-ce point pour être lui-même dans un *même fond* (4) avec un grand?

82. Il y a une espèce de honte d'être heureux à la vue de certaines misères.

101. L'ennui est entré dans le monde par la paresse (5); elle a beaucoup de part dans la recherche que font les hommes des plaisirs, des jeux, de la société. Celui qui aime le travail a assez de soi-même.

vérole en soignant sa femme, Mlle de Blois, atteinte du même mal, et qui en guérit.

(1) Rendre vil. — Cf. *Britannicus*, I, 2, 189.

(2) « Si nous n'avions point d'orgueil, nous ne nous plaindrions pas de celui des autres. » (La Rochefoucauld, 34.)

(3) Manquer, ne pas rencontrer quelqu'un quand on a le désir de le voir.

(4) Dans le fond d'un même carrosse.

(5) Cf. *Du Mérite personnel*, n° 12.

102. La plupart des hommes emploient la première partie de leur vie à rendre l'autre misérable.

121. *Gnathon* ne vit que pour soi, et tous les hommes ensemble sont à son égard comme s'ils n'étoient point(1). Non content de remplir à une table la première place, il occupe lui seul celle de deux autres; il oublie que le repas est pour lui et pour toute la compagnie: il se rend maître du plat, et fait son propre(2) de chaque service : il ne s'attache à aucun des mets, qu'il n'ait achevé d'essayer de tous; il voudroit pouvoir les savourer tous tout à la fois. Il ne se sert à table que de ses mains; il manie les viandes, les remanie, démembre, déchire, et en use de manière qu'il faut que les conviés, s'ils veulent manger, mangent ses restes. Il ne leur épargne aucune de ces malpropretés dégoûtantes, capables d'ôter l'appétit aux plus affamés; le jus et les sauces lui dégouttent du menton et de la barbe; s'il enlève un ragoût de dessus un plat, il le répand en chemin dans un autre plat et sur la nappe; on le suit à la trace. Il mange haut et avec grand bruit; il roule les yeux en mangeant; la table est pour lui un râtelier, il écure ses dents, et il continue à manger. Il se fait, quelque part où il se trouve, une manière d'établissement, et ne souffre pas d'être plus pressé au sermon ou au théâtre que dans sa chambre. Il n'y a dans un carrosse que les places du fond qui lui conviennent; dans tout autre, si on veut l'en croire, il pâlit et tombe en foiblesse. S'il fait un voyage avec plusieurs, il les prévient dans les hôtelleries, et il sait toujours se conserver dans la meilleure chambre, le meilleur lit. Il tourne tout à son usage; ses valets, ceux d'autrui, courent dans le même temps pour son service. Tout ce qu'il trouve sous sa main lui est propre, hardes, équipages. Il embarrasse tout le monde, ne se

(1) Et les faibles mortels, vains jouets du trépas,
Sont tous devant ses yeux comme s'ils n'étoient pas.
(*Esther*, I, 3.)

(2) Propre, substantif. En terme de palais, pour signifier héritage, propriété, ce qui appartient à quelqu'un. (Richelet.)

contraint pour personne, ne plaint personne, ne connoît de maux que les siens, que sa réplétion(1) et sa bile, ne pleure point la mort des autres, n'appréhende que la sienne, qu'il rachèteroit volontiers de l'extinction du genre humain.

122. *Cliton* n'a jamais eu en toute sa vie que deux affaires qui est de dîner le matin et de souper le soir; il ne semble né que pour la digestion. Il n'a de même qu'un entretien : il dit les entrées qui ont été servies au dernier repas où il s'est trouvé; il dit combien il y a eu de potages(2), et quels potages; il place ensuite le rôt et les *entremets* (3); il se souvient exactement de quels plats on a relevé le premier service; il n'oublie pas les *hors-d'œuvre* (4), le fruit et les assiettes, il nomme tous les vins et toutes les liqueurs dont il a bu; il possède le langage des cuisines autant qu'il peut s'étendre, et il me fait envie de manger à une bonne table où il ne soit point(5). Il a surtout un palais sûr, qui ne prend point le change, et il ne s'est jamais vu exposé à l'horrible inconvénient de manger un mauvais ragoût ou de boire d'un vin médiocre. C'est un personnage illustre dans son genre, et qui a porté le talent de se bien nourrir jusques où il pouvoit aller : on ne reverra plus un homme qui mange tant et qui mange si bien; aussi est-il l'arbitre des bons morceaux, et il n'est guère permis d'avoir du goût pour ce qu'il désapprouve. Mais il n'est plus : il s'est du moins fait porter à table jusqu'au dernier soupir; il donnoit à manger le jour qu'il est mort. Quelque part où il soit, il mange; et s'il revient au monde, c'est pour manger.

123. *Ruffin* commence à grisonner; mais il est sain, il a un visage frais et un œil vif qui lui promettent encore

(1) Excès d'embonpoint.
(2) Dans les grands repas, on servait plusieurs potages. Cf. *l'Avare*, III, 1, et Boileau, sat. III.
(3) Mets servis en même temps que le rôti, et que l'on mange après, pâtisseries, œufs, fritures, salades, etc.
(4) Mets, tels que radis, beurre, anchois, etc., servis après le potage et pendant le premier service.
(5) Cf. *le Misanthrope*, II, 4 (627-630).

vingt années de vie; il est gai, *jovial*, familier, indifférent; il rit de tout son cœur, et il rit tout seul et sans sujet : il est content de soi, des siens, de sa petite fortune; il dit qu'il est heureux. Il perd son fils unique, jeune homme de grande espérance, et qui pouvoit un jour être l'honneur de sa famille; il remet sur d'autres (1) le soin de le pleurer; il dit : « Mon fils est mort, cela fera mourir sa mère »; et il est consolé. Il n'a point de passions, il n'a ni amis ni ennemis, personne ne l'embarrasse; tout le monde lui convient, tout lui est propre; il parle à celui qu'il voit une première fois avec la même liberté et la même confiance qu'à ceux qu'il appelle de vieux amis, et il lui fait part bientôt de ses *quolibets* et de ses historiettes. On l'aborde, on le quitte sans qu'il y fasse attention, et le même conte qu'il a commencé de faire à quelqu'un, il l'achève à celui qui prend sa place.

127. Il faut des saisies de terre et des enlèvements de meubles, des prisons et des supplices, je l'avoue; mais, justice, lois et besoins à part, ce m'est une chose toujours nouvelle de contempler avec quelle férocité les hommes traitent d'autres hommes (2).

128. L'on voit certains animaux farouches, des mâles et des femelles, répandus par la campagne, noirs, livides et tout brûlés du soleil, attachés à la terre qu'ils fouillent et qu'ils remuent avec une opiniâtreté invincible : ils ont comme une voix articulée; et quand ils se lèvent sur leurs pieds, ils montrent une face humaine; et en effet, ils sont des hommes. Ils se retirent la nuit dans des tanières, où ils vivent de pain noir, d'eau et de racines; ils épargnent aux autres hommes la peine de semer, de labourer et de

(1) Même au XVIIe siècle, on disait plus ordinairement : Il s'en remet sur d'autres du soin...

(2) « Que de réformes, dit Sainte-Beuve, poursuivies depuis lors et non encore menées à fin, contient cette parole ! Le cœur d'un Fénelon y palpite sous un accent plus contenu. »

recueillir pour vivre, et méritent ainsi de ne pas manquer de ce pain qu'ils ont semé (1).

155. *Timon*, ou le misanthrope, peut avoir l'âme austère et farouche; mais extérieurement il est civil et *cérémonieux :* il ne s'échappe pas (2), il ne s'apprivoise pas (3) avec les hommes ; au contraire, il les traite honnêtement et sérieusement; il emploie à leur égard tout ce qui peut éloigner leur familiarité; il ne veut pas les mieux connoitre ni s'en faire des amis, semblable en ce sens à une femme qui est en visite chez une autre femme.

(1) « Malheur à qui ne trouve pas cela déchirant! Quels développements oratoires pourraient égaler de pareils traits? » (Victorin Fabre, *Eloge de La Bruyère.*)

Cf. M. Feillet, *Histoire de la misère au temps de la Fronde.*

Bois-Guillebert, *le Détail de la France sous le règne de Louis XIV.*

La même misère inspirait à Racine un mémoire qui lui attira la disgrâce de Louis XIV. — D'après Vauban, voici quel était l'état du peuple en France, vers la fin du XVIIe siècle :

« Par toutes les recherches que j'ai pu faire, depuis plusieurs années que je m'y applique, j'ai fort bien remarqué que dans ces derniers temps, près de la dixième partie du peuple est réduite à la mendicité, et mendie effectivement; que des neuf autres parties, il y en a cinq qui ne sont pas en état de faire l'aumône à celle-là, parce qu'eux-mêmes sont réduits, à très peu de chose près, à cette malheureuse condition; que des quatre autres parties qui restent, les trois sont fort malaisées, et embarrassées de dettes et de procès; et que, dans la dixième, où je mets tous les gens d'épée, de robe, ecclésiastiques et laïques, toute la noblesse haute, la noblesse distinguée, et les gens en charge militaire et civile, les bons marchands, les bourgeois rentés et les plus accommodés, on ne peut pas compter sur cent mille familles; et je ne croirais pas mentir quand je dirais qu'il n'y en a pas dix mille, petites ou grandes, qu'on puisse dire être fort à leur aise; et qui en ôterait les gens d'affaires, leurs alliés et adhérents couverts et découverts, et ceux que le roi soutient par ses bienfaits, quelques marchands, etc., je m'assure que le reste serait en petit nombre. »

(2) S'échapper, céder à son emportement, se laisser aller à des paroles ou à des actions inconsidérées, légères, condamnables. (Littré.) Cf. *Britannicus*, III, 1 (753-764).

(3) S'apprivoiser, se familiariser avec... Cf. La Fontaine, IV, 10 :

Ce qui nous paraissait terrible et singulier,
S'apprivoise à notre vue,
Quand ce (cela) vient à la continue.

158. Combien d'âmes foibles, molles et indifférentes, sans de grands défauts, et qui puissent fournir à la satire ! Combien de sortes de ridicules répandus parmi les hommes, mais qui par leur singularité ne tirent point à conséquence, et ne sont d'aucune ressource pour l'instruction et pour la morale ! Ce sont des vices uniques qui ne sont pas contagieux, et qui sont moins de l'humanité que de la personne.

DES JUGEMENTS

---

4. Deux choses toutes contraires nous préviennent (1) également, l'habitude et la nouveauté (2).

6. La faveur des princes n'exclut pas le mérite, et ne le suppose pas aussi (3).

10. Le commun des hommes est si enclin au déréglement et à la bagatelle, et le monde est si plein d'exemples pernicieux ou ridicules, que je croirois assez que l'esprit de singularité (4), s'il pouvoit avoir ses bornes et ne pas aller trop loin, approcheroit fort de la droite raison et d'une conduite régulière.

« Il faut faire comme les autres » : maxime suspecte, qui signifie presque toujours : « il faut mal faire », dès qu'on l'étend au delà de ces choses purement extérieures, qui n'ont point de suite, qui dépendent de l'usage, de la mode ou des bienséances (5).

19. « Il est savant, dit un politique, il est donc incapable d'affaires; je ne lui confierois l'état (6) de ma garde-

(1) « Faire naître d'avance dans l'esprit des sentiments favorables ou défavorables: se dit des choses qui agissent sur l'esprit en le prévenant. » (Littré.)

(2) « Les impressions anciennes ne sont pas seules capables de nous abuser, les charmes de la nouveauté ont le même pouvoir. » (Pascal.)

(3) Aussi, non plus.

(4) Cf. *le Misanthrope*, IV, 1, 1163 sq.

(5) « Quelque ridicule que soit la mode, il est encore plus ridicule de la braver que de la suivre. » (Comtesse Diane, *Maximes de la vie.*) Cf. La Bruyère, *De la Mode*, 11.

(6) Etat de situation, inventaire.

robe »; et il a raison. OSSAT, XIMÉNÈS, RICHELIEU (1), étoient savants : étoient-ils habiles? ont-ils passé pour de bons ministres? « Il sait le grec, continue l'homme d'État, c'est un grimaud, c'est un philosophe. » Et en effet, une fruitière à Athènes, selon les apparences, parloit grec, et par cette raison étoit philosophe. Les BIGNONS, les LAMOIGNONS (2) étoient de purs grimauds : qui en peut douter? Ils savoient le grec. Quelle vision, quel délire au grand, au sage, au judicieux ANTONIN de dire qu'*alors les peuples seroient heureux, si l'empereur philosophoit, ou si le philosophe ou le grimaud venoit à l'empire* (3)?

Les langues sont la clef ou l'entrée des sciences, et rien davantage; le mépris des unes tombe sur les autres. Il ne s'agit point (4) si les langues sont anciennes ou nouvelles, mortes ou vivantes, mais si elles sont grossières ou polies, si les livres qu'elles ont formés sont d'un bon ou mauvais goût. Supposons que notre langue pût un jour avoir le sort de la grecque et de la latine, seroit-on pédant, quelques siècles après qu'on ne la parleroit plus, pour lire MOLIÈRE ou LA FONTAINE?

20. Qu'on ne me parle jamais d'encre, de papier, de plume, de style, d'imprimeur, d'imprimerie; qu'on ne se hasarde plus de me dire : « Vous écrivez si bien, *Antisthène!* continuez d'écrire; ne verrons-nous point de vous un *in-folio?* traitez de toutes les vertus et de tous les vices dans un ouvrage suivi, méthodique, qui n'ait point de fin »; ils devroient ajouter : « et nul cours (5) ». Je renonce à

(1) « Le cardinal d'Ossat (1536-1604), qui devint diplomate et homme d'État, enseigna d'abord la rhétorique et la philosophie dans l'Université de Paris. — Ximénès (1437-1517), avant d'être ministre de Charles-Quint, avait publié divers ouvrages d'Aristote, fondé l'Université d'Alcala, et provoqué la publication d'une Bible polyglotte. » (Chassang, éd. des *Caractères*.)

(2) Noms de plusieurs magistrats amis des lettres.

(3) *Antonin*, Marc-Aurèle, qui avait coutume de répéter cette pensée, qui est de Platon (*De la République*, VII).

(4) De savoir si.

(5) Nulle vogue.

tout ce qui a été, qui est et qui sera livre. *Bérylle* tombe en syncope à la vue d'un chat (1), et moi à la vue d'un livre. Suis-je mieux nourri et plus lourdement (2) vêtu, suis-je dans ma chambre à l'abri du nord, ai-je un lit de plumes, après vingt ans entiers qu'on me débite dans la place? J'ai un grand nom, dites-vous, et beaucoup de gloire : dites que j'ai beaucoup de vent qui ne sert à rien. Ai-je un grain de ce métal qui procure toutes choses? Le vil praticien (3) grossit son mémoire, se fait rembourser des frais qu'il n'avance pas, et il a pour gendre un comte ou un magistrat. Un homme *rouge* ou *feuille-morte* (4) devient commis, et bientôt plus riche que son maître; il le laisse dans la roture, et avec de l'argent il devient noble. B** s'enrichit à montrer dans un cercle des marionnettes; B** à vendre en bouteille l'eau de la rivière.....

Folie, simplicité, imbécillité, continue Antisthène, de mettre l'enseigne d'auteur et de philosophe! Avoir, s'il se peut, un *office lucratif*, qui rende la vie aimable, qui fasse prêter à ses amis, et donner à ceux qui ne peuvent rendre; écrire alors par jeu, par oisiveté, et comme *Tityre* siffle ou joue de la flûte; cela ou rien; j'écris à ces conditions, et je cède ainsi à la violence de ceux qui me prennent à la gorge, et me disent : « Vous écrirez. » Ils liront pour titre de mon nouveau livre : DU BEAU, DU BON, DU VRAI, DES IDÉES, DU PREMIER PRINCIPE, *par Antisthène, vendeur de marée.*

27. Il ne faut pas juger des hommes comme d'un tableau ou d'une figure sur une seule et première vue : il y a un intérieur et un cœur qu'il faut approfondir (5).

(1) « Qui ne sait que la vue de chats, de rats, l'écrasement d'un charbon, etc., emportent la raison hors des gonds? » (Pascal, *Pensées*, art. III.)

(2) « D'une façon qui pèse sur le corps (peu usité). » (Littré.)

(3) Homme d'affaires; le mot se prenait souvent en mauvaise part. Cf. La Bruyère, *De Quelques Usages*, 50.

(4) La couleur ordinaire des habits de livrée.

(5) « La physionomie n'est pas une règle qui nous soit donnée pour juger des hommes : elle peut nous servir de conjecture. » (La Bruyère, *Des Jugements*, 31.) — Cf. La Fontaine, IV, 5; XI, 7.

FRAGMENT

28... Il disoit que l'esprit dans cette belle personne étoit un diamant bien mis en œuvre, et continuant de parler d'elle : « C'est, ajoutoit-il, comme une nuance (1) de raison et d'agrément qui occupe les yeux et le cœur de ceux qui lui parlent; on ne sait si on l'aime ou si on l'admire; il y a en elle de quoi faire une parfaite amie, il y a aussi de quoi vous mener plus loin que l'amitié. Trop jeune et trop fleurie pour ne pas plaire, mais trop modeste pour songer à plaire, elle ne tient compte aux hommes que de leur mérite, et ne croit avoir que des amis. Pleine de vivacité et capable de sentiments, elle surprend et elle intéresse; et sans rien ignorer de ce qui peut entrer de plus délicat et de plus fin dans les conversations, elle a encore ces saillies heureuses qui, entre autres plaisirs qu'elles font, dispensent toujours de la réplique. Elle vous parle comme celle qui n'est pas savante, qui doute et qui cherche à s'éclaircir; et elle vous écoute comme celle qui sait beaucoup, qui connoît le prix de ce que vous lui dites, et auprès de qui vous ne perdez rien de ce qui vous échappe. Loin de s'appliquer à vous contredire avec esprit, et d'imiter *Elvire* (2), qui aime mieux passer pour une femme vive

(1) Du vieux verbe *nuer;* mélange et assortiment de couleurs qui vont bien ensemble.

(2) Elvire serait, d'après M. Ed. Fournier, Mlle de La Force, amie de Mme de Boislandry.

que marquer (1) du bon sens et de la justesse, elle s'approprie vos sentiments, elle les croit siens, elle les étend, elle les embellit : vous êtes content de vous d'avoir pensé si bien, et d'avoir mieux dit encore que vous n'aviez cru. Elle est toujours au-dessus de la vanité, soit qu'elle parle, soit qu'elle écrive : elle oublie les traits (2) où il faut des raisons; elle a déjà compris que la simplicité est éloquente. S'il s'agit de servir quelqu'un et de vous jeter dans les mêmes intérêts, laissant à Elvire les jolis discours et les belles-lettres, qu'elle met à tous usages, *Arténice* n'emploie auprès de vous que la sincérité, l'ardeur, l'empressement et la persuasion. Ce qui domine (3) en elle, c'est le plaisir de la lecture, avec le goût des personnes de nom et de réputation, moins pour en être connue que pour les connoître. On peut la louer d'avance de toute la sagesse qu'elle aura un jour, et de tout le mérite qu'elle se prépare par les années, puisque avec une bonne conduite elle a de meilleures intentions, des principes sûrs, utiles à celles qui sont comme elle exposées aux soins (4) et à la flatterie; et qu'étant assez particulière (5) sans pourtant être farouche, ayant même un peu de penchant pour la retraite, il ne lui sauroit peut-être manquer que les occasions, ou ce qu'on appelle un grand théâtre, pour y faire briller toutes ses vertus (6). »

36. Il y a de petites règles, des devoirs, des bienséances attachées aux lieux, aux temps, aux personnes, qui

(1) Faire preuve de.
(2) Traits d'esprit.
(3) « Etre le plus apparent, avoir le plus de force, en parlant des choses. » (Littré.)
(4) Attentions galantes.
(5) « On dit qu'un homme est particulier, lorsqu'il fuit le commerce et la fréquentation des autres hommes, qu'il n'aime pas à visiter et à être visité. » (Furetière.)
(6) « On sait qui est cette Arténice à qui est consacré ce fragment de panégyrique et dont le nom est l'anagramme de Caterine. C'est Catherine Turgot, mariée en premières noces à Gilles d'Aligre, seigneur de Boislandry, conseiller au parlement, et depuis à M. de Chevilly, capitaine aux gardes. » (Chassang, éd. *des Caractères*, note.)

ne se devinent point à force d'esprit, et que l'usage apprend sans nulle peine : juger des hommes par les fautes qui leur échappent en ce genre avant qu'ils soient assez instruits, c'est en juger par leurs ongles ou par la pointe de leurs cheveux ; c'est vouloir un jour être détrompé.

56..... Un homme paroît grossier, lourd, stupide ; il ne sait pas parler, ni raconter ce qu'il vient de voir : s'il se met à écrire, c'est le modèle des bons contes ; il fait parler les animaux, les arbres, les pierres, tout ce qui ne parle point : ce n'est que légèreté, qu'élégance, que beau naturel et que délicatesse dans ses ouvrages (1).

Un autre (2) est simple, timide, d'une ennuyeuse conversation ; il prend un mot pour un autre, et il ne juge de la bonté de sa pièce que par l'argent qui lui en revient ; il ne sait pas la réciter, ni lire son écriture. Laissez-le s'élever par la composition : il n'est pas au-dessous d'AUGUSTE, de POMPÉE, de NICODÈME, d'HÉRACLIUS ; il est roi, et un grand roi ; il est politique, il est philosophe ; il entreprend de faire parler des héros, de les faire agir ; il peint les Romains ; ils sont plus grands et plus Romains dans ses vers que dans leur histoire (3).

Voulez-vous quelque autre prodige ? Concevez un homme (4) facile, doux, complaisant, traitable, et tout d'un coup violent, colère, fougueux, capricieux. Imaginez-vous un homme simple, ingénu, crédule, badin, volage, un enfant à cheveux gris ; mais permettez-lui de se recueillir, ou plutôt de se livrer à un génie qui agit en lui, j'ose dire, sans qu'il y prenne part et comme à son insu : quelle verve ! quelle élévation ! quelles images ! quelle latinité ! —

(1) La Fontaine, qui vivait encore quand parut cet article dans la 6e édition.

(2) Corneille.

(3) Cf. lettre de Balzac à Corneille, du 17 janvier 1643. Cette lettre, trop longue pour être reproduite ici, se trouve dans la plupart des éditions de *Cinna*.

(4) J.-B. Santeuil (1630-1697), auteur d'hymnes, élégant poète latin, commensal des Condés et ami de La Bruyère.

Parlez-vous d'une même personne ? me direz-vous. — Oui, du même, de *Théodas*, et de lui seul. Il crie, il s'agite, il il se roule à terre, il se relève, il tonne, il éclate ; et du milieu de cette tempête il sort une lumière qui brille et qui réjouit. Disons-le sans figure : il parle comme un fou, et pense comme un homme sage ; il dit ridiculement des choses vraies, et follement des choses sensées et raisonnables ; on est surpris de voir naître et éclore le bon sens du sein de la bouffonnerie, parmi les grimaces et les contorsions (1). Qu'ajouterai-je davantage ? Il dit et il fait mieux qu'il ne sait ; ce sont en lui comme deux âmes qui ne se connoissent point, qui ne dépendent point l'une de l'autre, qui ont chacune leur tour, ou leurs fonctions toutes séparées. Il manqueroit un trait à cette peinture si surprenante, si j'oubliois de dire qu'il est tout à la fois avide et insatiable de louanges, prêt de se jeter aux yeux de ses critiques, et dans le fond assez docile pour profiter de leur censure. Je commence à me persuader moi-même que j'ai fait le portrait de deux personnages tout différents (2). Il ne seroit pas même impossible d'en trouver un troisième dans Théodas ; car il est bon homme, il est plaisant homme, et il est excellent homme.

64. *Hérille*, soit qu'il parle, qu'il harangue ou qu'il écrive, veut citer : il fait dire au *Prince des philosophes* (3) que le vin enivre, et à l'*Orateur romain* (4) que l'eau le tempère. S'il se jette dans la morale, ce n'est pas lui, c'est le *divin Platon* qui assure que la vertu est aimable, le vice odieux, ou que l'un et l'autre se tournent en habitude. Les choses les plus communes, les plus triviales, et qu'il est même capable de penser, il veut les devoir aux anciens, aux

(1) Cf. l'épigramme de Boileau sur la manière de réciter du poète S***.

(2) « On est quelquefois aussi différent de soi-même que des autres. » (La Rochefoucauld, *Maximes*, 135.)

(3) Aristote.

(4) Cicéron.

Latins, aux Grecs; ce n'est ni pour donner plus d'autorité à ce qu'il dit, ni peut-être pour se faire honneur de ce qu'il sait : il veut citer.

69. Il y a une philosophie qui nous élève au-dessus de l'ambition et de la fortune, qui nous égale, que dis-je ? qui nous place plus haut que les riches, que les grands et que les puissants; qui nous fait négliger les postes et ceux qui les procurent; qui nous exempte de désirer, de demander, de prier, de solliciter, d'importuner, et qui nous sauve (1) même l'émotion et l'excessive joie d'être exaucés. Il y a une autre philosophie qui nous soumet et nous assujettit à toutes ces choses en faveur de nos proches ou de nos amis : c'est la meilleure.

71. Nous n'approuvons les autres que par les rapports que nous sentons qu'ils ont avec nous-mêmes ; et il semble qu'estimer quelqu'un, c'est l'égaler à soi (2).

102. Il y a des créatures de Dieu qu'on appelle des hommes, qui ont une âme qui est esprit, dont toute la vie est occupée et toute l'attention est réunie à scier du marbre : cela est bien simple, c'est bien peu de chose. Il y en a d'autres qui s'en étonnent, mais qui sont entièrement inutiles, et qui passent les jours à ne rien faire : c'est encore moins que de scier du marbre.

104. « A quoi vous divertissez-vous ? à quoi passez-vous le temps? vous demandent les sots et les gens d'esprit. Si je réplique que c'est à ouvrir les yeux et à voir, à prêter l'oreille et à entendre, à avoir la santé, le repos, la liberté, ce n'est rien dire. Les solides biens, les grands biens, les seuls biens ne sont pas comptés, ne se font pas sentir. Jouez-vous? masquez-vous (3)? il faut répondre.

La liberté n'est pas oisiveté ; c'est un usage libre du

(1) Nous épargne.

(2) « Il n'y a point d'homme qui se croie, en chacune de ses qualités, au-dessous de l'homme qu'il estime le plus. » (La Rochefoucauld.)

(3) Verbe neutre, aller en masque.

temps, c'est le choix du travail et de l'exercice (1). Être libre en un mot n'est pas ne rien faire, c'est être seul arbitre de ce qu'on fait ou de ce qu'on ne fait point. Quel bien en ce sens que la liberté !

109. Ne faire sa cour à personne, ni attendre de quelqu'un qu'il vous fasse la sienne, douce situation, âge d'or, état de l'homme le plus naturel !

110. Le monde est pour ceux qui suivent les cours ou qui peuplent les villes ; la nature n'est que pour ceux qui habitent la campagne : eux seuls vivent, eux seuls du moins connoissent qu'ils vivent.

113. Les hommes, sur la conduite des grands et des petits indifféremment, sont prévenus (2), charmés, enlevés par la réussite ; il s'en faut peu que le crime heureux ne soit loué comme la vertu même, et que le bonheur ne tienne lieu de toutes les vertus. C'est un noir attentat, c'est une sale et odieuse entreprise, que celle que le succès ne saurait justifier.

119. Je ne parle point, ô hommes, de vos légèretés, de vos folies et de vos caprices qui vous mettent au-dessous de la taupe et de la tortue, qui vont sagement leur petit train, et qui suivent sans varier l'instinct de leur nature ; mais écoutez-moi un moment. Vous dites d'un tiercelet de faucon (3) qui est fort léger, et qui fait une belle descente sur la perdrix : « Voilà un bon oiseau » ; et d'un lévrier qui prend un lièvre corps à corps : « C'est un bon lévrier ». Je consens aussi que vous disiez d'un homme qui court le sanglier, qui le met aux abois, qui l'atteint et qui le perce : « Voilà un brave homme (4). » Mais si vous voyez deux chiens qui s'aboient, qui s'affrontent, qui se mordent et se

(1) Cf. La Bruyère, *Du Mérite personnel*, 12.
(2) Cf. La Bruyère, *Des Jugements*, 4.
(3) « Le mâle de certains oiseaux de proie ; sa taille est d'un tiers plus petite que celle de la femelle. » (Littré.)
(4) Au XVIIe siècle, *brave homme* avait le même sens qu'*homme brave*.

déchirent, vous dites : « Voilà de sots animaux », et vous prenez un bâton pour les séparer. Que si l'on vous disoit que tous les chats d'un grand pays se sont assemblés par milliers dans une plaine, et qu'après avoir miaulé tout leur soûl, ils se sont jetés avec fureur les uns sur les autres, et ont joué ensemble de la dent et de la griffe ; que de cette mêlée il est demeuré de part et d'autre neuf à dix mille chats sur la place, qui ont infecté l'air à dix lieues de là par leur puanteur, ne diriez-vous pas : « Voilà le plus abominable *sabbat* dont on ait jamais ouï parler ? » Et si les loups en faisoient de même : « Quels hurlements ! quelle boucherie ! » Et si les uns ou les autres vous disoient qu'ils aiment la gloire, concluriez-vous de ce discours qu'ils la mettent à se trouver à ce beau rendez-vous, à détruire ainsi et à anéantir leur propre espèce? ou, après l'avoir conclu, ne ririez-vous pas de tout votre cœur de l'ingénuité de ces pauvres bêtes? Vous avez déjà, en animaux raisonnables, et pour vous distinguer de ceux qui ne se servent que de leurs dents et de leurs ongles, imaginé les lances, les piques, les dards, les sabres et les cimeterres, et à mon gré fort judicieusement ; car avec vos seules mains que pouviez-vous vous faire les uns aux autres, que vous arracher les cheveux, vous égratigner au visage, ou tout au plus vous arracher les yeux de la tête? au lieu que vous voilà munis d'instruments commodes, qui vous servent à vous faire réciproquement de larges plaies d'où peut couler votre sang jusqu'à la dernière goutte, sans que vous puissiez craindre d'en échapper. Mais comme vous devenez d'année à autre plus raisonnables, vous avez bien enchéri (1) sur cette vieille manière de vous exterminer : vous avez de petits globes (2) qui vous tuent tout d'un coup, s'ils peuvent seulement vous atteindre à la tête ou à la poitrine; vous en avez d'autres, plus pesants et plus massifs (3), qui vous coupent en deux parts ou qui vous

(1) Mettre une enchère. Fig. aller au delà, faire plus qu'un autre.
(2) Balles de mousquet.
(3) Boulets.

éventrent, sans compter ceux (1) qui, tombant sur vos toits, enfoncent les planchers, vont du grenier à la cave, en enlèvent les voûtes, et font sauter en l'air, avec vos maisons, vos femmes qui sont en couche, l'enfant et la nourrice : et c'est là encore où *gît* la gloire ; elle aime le *remue-ménage*, et elle est personne d'un grand fracas. Vous avez d'ailleurs des armes défensives, et dans les bonnes règles vous devez en guerre être habillés de fer, ce qui est sans mentir une jolie parure, et qui me fait souvenir de ces quatre puces célèbres que montroit autrefois un charlatan, subtil ouvrier; dans une fiole où il avoit trouvé le secret de les faire vivre, il leur avoit mis à chacune une salade (2) en tête, leur avoit passé un corps de cuirasse, mis des brassards (3), des genouillères (4), la lance sur la cuisse; rien ne leur manquoit, et en cet équipage elles alloient par sauts et par bonds dans leur bouteille. Feignez un homme de la taille du mont *Athos* (5), pourquoi non? une âme seroit-elle embarrassée d'animer un tel corps? elle en seroit plus au large : si cet homme avoit la vue assez subtile pour vous découvrir quelque part sur la terre avec vos armes offensives et défensives, que croyez-vous qu'il penseroit de petits marmousets (6) ainsi équipés, et de ce que vous appelez guerre, cavalerie, infanterie, un mémorable siége, une fameuse journée? N'entendrai-je donc plus bourdonner d'autre chose parmi vous? le monde ne se divise-t-il plus qu'en régiments et en compagnies? tout est-il devenu bataillon ou escadron? *Il a pris une ville, il en a pris une seconde, puis une troisième; il a gagné une bataille, deux batailles ; il chasse*

(1) Bombes.
(2) Casque que portaient les gens de guerre à cheval.
(3 et 4) Partie de l'armure qui recouvrait le bras ou le genou du chevalier.
(5) Mont et promontoire de la Turquie, sur la côte N.-O. de l'Archipel, à l'extrémité S.-E. de la presqu'île de Salonique, ancienne Chalcidique.
(6) « Petite figure grotesque, petit homme, mal fait ou non. » (Littré.)

l'ennemi; il vainc sur mer, il vainc sur terre : est-ce de quelqu'un de vous autres; est-ce d'un géant, d'un *Athos* que vous parlez (1) ?

(1) Pour le commentaire de ce morceau, s'inspirer de Swift, *Gulliver*.

DE LA MODE

---

2. La curiosité n'est pas un goût pour ce qui est bon ou ce qui est beau, mais pour ce qui est rare, unique, pour ce qu'on a et ce que les autres n'ont point. Ce n'est pas un attachement à ce qui est parfait, mais à ce qui est couru, à ce qui est à la mode. Ce n'est pas un amusement, mais une passion, et souvent si violente qu'elle ne cède à l'amour et à l'ambition que par la petitesse de son objet. Ce n'est pas une passion qu'on a généralement (1) pour les choses rares et qui ont cours, mais qu'on a seulement pour une certaine chose, qui est rare, et pourtant à la mode.

Le fleuriste a un jardin dans un faubourg ; il y court au lever du soleil, et il en revient à son coucher. Vous le voyez planté, et qui a pris racine (2) au milieu de ses tulipes et devant la *Solitaire :* il ouvre de grands yeux, il frotte ses mains, il se baisse, il la voit de plus près, il ne l'a jamais vue si belle, il a le cœur épanoui de joie, il la quitte pour l'*Orientale*, de là il va à la *Veuve*, il passe au *Drap d'or*, de celle-ci à l'*Agathe*, d'où il revient enfin à la *Solitaire* (3), où il se fixe, où il se lasse, où il s'assied, où il oublie de dîner : aussi est-elle nuancée, bordée, huilée,

(1) Pour les choses rares, en général.

(2) « La Bruyère veut-il peindre la manie du fleuriste, il le montre planté et qui a pris racine devant ses tulipes. Il en fait un arbre de son jardin.. Cette figure hardie est piquante surtout par l'analogie des objets. » (Suard.)

(3) Noms de plusieurs variétés de tulipes.

à pièces emportées (1); elle a un beau vase ou un beau calice : il la contemple, il l'admire. Dieu et la nature sont en tout cela ce qu'il n'admire point; il ne va pas plus loin que l'oignon de sa tulipe, qu'il ne livrerait pas pour mille écus, et qu'il donnera pour rien quand les tulipes seront négligées et que les œillets auront prévalu. Cet homme raisonnable, qui a une âme, qui a un culte et une religion, revient chez soi fatigué, affamé, mais fort content de sa journée : il a vu des tulipes (2).

Parlez à cet autre de la richesse des moissons, d'une ample récolte, d'une bonne vendange : il est curieux de fruits; vous n'articulez pas, vous ne vous faites pas entendre. Parlez-lui de figues et de melons, dites que les poiriers rompent de fruit cette année, que les pêches ont donné avec abondance; c'est pour lui un idiome inconnu; il s'attache aux seuls pruniers, il ne vous répond pas. Ne l'entretenez pas même de vos pruniers : il n'a de l'amour que pour une certaine espèce; toute autre que vous lui nommez le fait sourire et se moquer. Il vous mène à l'arbre, cueille artistement cette prune exquise; il l'ouvre, vous en donne une moitié, et prend l'autre : « Quelle chair ! dit-il; goûtez-vous cela (3)? cela est-il divin? voilà ce que vous ne retrouverez pas ailleurs. » Et là-dessus ses narines s'enflent; il cache avec peine sa joie et sa vanité par quelques dehors de modestie. O l'homme divin en effet! l'homme qu'on ne peut jamais assez louer et admirer ! l'homme dont il sera parlé dans plusieurs siècles! que je voie sa taille et son visage pendant qu'il vit; que j'observe les traits et la contenance d'un homme qui seul entre les mortels possède une telle prune !

« Vous voulez, ajoute *Démocède*, voir mes estampes ? »

(1) « Emporter, retrancher. A pièces emportées, à découpures. » (Littré.)

(2) « Il n'y a point de si petit caractère, dit Vauvenargues, qu'on ne puisse rendre agréable par le coloris; le fleuriste de La Bruyère en est la preuve. »

(3) Cela est-il de votre goût ?

et bientôt il les étale et vous les montre. Vous en rencontrerez une qui n'est ni noire, ni nette, ni dessinée, et d'ailleurs moins propre à être gardée dans un cabinet qu'à tapisser, un jour de fête, le Petit-Pont ou la rue Neuve (1) : il convient qu'elle est mal gravée, plus mal dessinée ; mais il assure qu'elle est d'un Italien qui a travaillé peu, qu'elle n'a presque pas été tirée, que c'est la seule qui soit en France de ce dessin, qu'il l'a achetée très cher, et qu'il ne la changeroit pas pour ce qu'il a de meilleur. « J'ai, continue-t-il, une sensible affliction, et qui m'obligera de renoncer aux estampes pour le reste de mes jours : j'ai tout *Callot* (2), hormis une seule, qui n'est pas, à la vérité, de ses bons ouvrages (au contraire c'est un des moindres), mais qui m'achèveroit Callot : je travaille depuis vingt ans à recouvrer (3) cette estampe, et je désespère enfin d'y réussir ; cela est bien rude ! »

D'autres ont la clef des sciences, où ils n'entrent jamais : ils passent leur vie à déchiffrer les langues orientales et les langues du nord, celles des deux Indes, celles des deux pôles, et celle qui se parle dans la lune. Les idiomes les plus inutiles, avec les caractères les plus bizarres et les plus magiques, sont précisément ce qui réveille leur passion et qui excite leur travail ; ils plaignent ceux qui se bornent ingénument à savoir leur langue, ou tout au plus la grecque et la latine. Ces gens lisent toutes les histoires et ignorent l'histoire (4) ; ils parcourent tous les livres, et ne profitent d'aucun ; c'est en eux une stérilité de faits et de principes qui ne peut être plus grande, mais, à la vérité, la meilleure

(1) La rue Neuve-Notre-Dame.

(2) Jacques Callot, né à Nancy, en 1593, mort en 1635, peintre, dessinateur et graveur.

(3) *Recouvrer*, au sens propre, signifie acquérir de nouveau ce qui était perdu.

(4) « Dans les histoires, ils ne connaissent ni les hommes ni les affaires ; ils rapportent tout à la chronologie ; et, pour nous pouvoir dire quelle année est mort un consul, ils négligeront de connaître son génie et d'apprendre ce qui s'est fait sous son consulat. » (Saint-Evremont.)

récolte et la richesse la plus abondante de mots et de paroles qui puisse s'imaginer : ils plient sous le faix ; leur mémoire en est accablée, pendant que leur esprit demeure vide.

Diphile commence par un oiseau et finit par mille : sa maison n'en est pas égayée, mais empestée. La cour, la salle, l'escalier, le vestibule, les chambres, le cabinet, tout est volière ; ce n'est pas un ramage, c'est un vacarme : les vents d'automne et les eaux dans les plus grandes crues ne font pas un bruit si perçant et si aigu ; on ne s'entend non plus parler les uns les autres que dans ces chambres où il faut attendre, pour faire le compliment d'entrée, que les petits chiens aient aboyé. Ce n'est plus pour Diphile un agréable amusement, c'est une affaire laborieuse, et à laquelle à peine il peut suffire. Il passe les jours, ces jours qui échappent et qui ne reviennent plus, à verser du grain et à nettoyer des ordures. Il donne pension à un homme qui n'a point d'autre ministère que de siffler des serins au flageolet et de faire couver des *canaris*. Il est vrai que ce qu'il dépense d'un côté, il l'épargne de l'autre, car ses enfants sont sans maîtres et sans éducation. Il se renferme le soir, fatigué de son propre plaisir, sans pouvoir jouir du moindre repos que ses oiseaux ne reposent, et que ce petit peuple qu'il n'aime que parce qu'il chante, ne cesse de chanter. Il retrouve ses oiseaux dans son sommeil : lui-même il est oiseau, il est huppé, il gazouille, il perche ; il rêve la nuit qu'il mue ou qu'il couve.

3. Le duel est le triomphe de la mode, et l'endroit où elle a exercé sa tyrannie avec (1) plus d'éclat. Cet usage n'a pas laissé au poltron la liberté de vivre ; il l'a mené se faire tuer par un plus brave que soi, et l'a confondu avec un homme de cœur ; il a attaché de l'honneur et de la gloire à une action folle et extravagante ; il a été approuvé par la présence des rois ; il y a eu quelquefois une espèce de reli-

(1) On dirait aujourd'hui *avec le plus*.

gion à le pratiquer ; il a décidé de l'innocence des hommes (1), des accusations fausses ou véritables sur des crimes capitaux ; il s'étoit enfin si profondément en[illegible]iné dans l'opinion des peuples, et s'étoit si fort saisi de leur cœur et de leur esprit, qu'un des plus beaux endroits de la vie d'un très-grand roi a été de les guérir de cette folie ([illegible].

7. Il n'y a rien qui mette plus subitement un homme à la mode et qui le soulève davantage que le grand jeu : cela va du pair avec la crapule (3). Je voudrois bien voir un homme poli, enjoué, spirituel, fût-il un CATULLE (4) ou son disciple, faire quelque comparaison avec celui qui vient de perdre huit cents pistoles en une séance.

14. *Iphis* voit à l'église un soulier d'une nouvelle mode ; il regarde le sien et en rougit ; il ne se croit plus habillé. Il étoit venu à la messe pour s'y montrer, et il se cache ; le voilà retenu par le pied dans sa chambre tout le reste du jour. Il a la main douce, et il l'entretient avec une pâte de senteur ; il a soin de rire pour montrer ses dents ; il fait la petite bouche, et il n'y a guère de moments où il ne veuille sourire ; il regarde ses jambes, il se voit au miroir : l'on ne peut être plus content de personne qu'il l'est de lui-même ; il s'est acquis une voix claire et délicate, et heureusement il parle gras ; il a un mouvement de tête, et

(1) Allusion au duel judiciaire.
(2) Cf. Voltaire, *Siècle de Louis XIV*, chap. 29.
(3) L'ivrognerie est un vice à la mode, avant la Régence. « S'enivrer est chose fort commune en France », écrit à la date du 7 août 1690 la duchesse d'Orléans, et plus tard : « Mme la duchesse (de Bourbon) peut boire beaucoup sans être ivre ; ses filles veulent l'imiter, mais elles n'y réussissent pas... etc. » Et Saint-Simon : « Mme la duchesse de Bourgogne fit un souper à Saint-Cloud avec la duchesse de Berry. Mme la duchesse de Berry et M. le duc d'Orléans, mais elle bien plus que lui, s'y enivrèrent au point que Mme la duchesse de Bourgogne, Mme la duchesse d'Orléans, et tout ce qui était là ne surent que devenir. L'effet du vin, par haut et bas, fut tel qu'on en fut en peine, et ne la désenivra point, tellement qu'il fallut la ramener en cet état à Versailles. Tous les gens des équipages la virent et ne s'en turent pas. »
(4) Catulle, poète latin (87-40 av. J.-C.).

je ne sais quel adoucissement dans les yeux, dont il n'oublie pas de s'embellir ; il a la démarche molle et le plus joli maintien qu'il est capable de se procurer ; il met du rouge, mais rarement, il n'en fait pas habitude. Il est vrai aussi qu'il porte des chausses et un chapeau, et qu'il n'a ni boucles d'oreilles ni de collier de perles ; aussi ne l'ai-je pas mis dans le chapitre des femmes.

16. Le courtisan autrefois avoit ses cheveux, étoit en chausses et en pourpoint, portoit de larges canons (1), et il étoit libertin. Cela ne sied plus : il porte une perruque, l'habit serré, le bas uni, et il est dévot : tout se règle par la mode.

17. Celui qui depuis quelque temps à la cour étoit dévot, et par là, contre toute raison, peu éloigné du ridicule, pouvoit-il espérer de devenir à la mode ?

18. De quoi n'est pas capable un courtisan dans la vue de sa fortune, si pour ne pas la manquer il devient dévot ?

19. Les couleurs sont préparées, et la toile est toute prête ; mais comment le fixer, cet homme inquiet, léger, inconstant, qui change de mille et mille figures ? Je le peins dévot, et je crois l'avoir attrapé (2), mais il m'échappe, et déjà il est libertin (3). Qu'il demeure du moins dans cette mauvaise situation, et je saurai le prendre dans un point de déréglement de cœur et d'esprit où il sera reconnoissable ; mais la mode presse, il est dévot.

20. Celui qui a pénétré la cour connoît ce que c'est que vertu et ce que c'est que dévotion (4) : il ne peut plus s'y tromper.

(1) Ornements de toile garnis de dentelles ; ils s'attachaient au-dessus du genou.

(2) Exprimer, rendre avec exactitude.

(3) « Libertin, qui ne s'assujettit ni aux croyances ni aux pratiques de la religion ; vieilli en ce sens ; — Déréglé par rapport à la morale. » (Littré.)

(4) Fausse dévotion. (Note de La Bruyère.)

21. Négliger vêpres comme une chose antique et hors de mode, garder sa place soi-même pour le salut, savoir les êtres de la chapelle (1), connoître le flanc (2), savoir où l'on est vu et où l'on n'est pas vu ; rêver dans l'église à Dieu et à ses affaires, y recevoir des visites, y donner des ordres et des commissions, y attendre les réponses ; avoir un directeur mieux écouté que l'Évangile ; tirer toute sa sainteté et tout son relief de la réputation de son directeur, dédaigner ceux dont le directeur a moins de vogue, et convenir à peine de leur salut ; n'aimer de la parole de Dieu que ce qui s'en prêche chez soi ou par son directeur, préférer sa messe aux autres messes ; ne se repaître que de livres de spiritualité, comme s'il n'y avoit ni Évangiles, ni Épîtres des Apôtres, ni morale des Pères ; lire ou parler un jargon inconnu aux premiers siècles ; circonstancier à confesse les défauts d'autrui, y pallier les siens ; s'accuser de ses souffrances, de sa patience ; dire comme un péché son peu de progrès dans l'héroïsme ; être en liaison secrète avec de certaines gens contre certains autres ; n'estimer que soi et sa cabale, avoir pour suspecte la vertu même, goûter, savourer la prospérité et la faveur, n'en vouloir que pour soi, ne point aider au mérite, faire servir la piété à son ambition, aller à son salut par le chemin de la fortune et des

(1) La chapelle du château de Versailles.

(2) Terme de guerre, le point faible, le côté vulnérable. Il faut lire dans Saint-Simon l'amusante histoire d'un tour joué par Brissac aux fausses dévotes qui, le jeudi et le dimanche, remplissaient les tribunes de la chapelle de Versailles, à l'heure du salut. Sous prétexte de lire dans leurs *Heures*, « elles avoient toutes de petites bougies devant elles, pour les faire connoître et remarquer ». Brissac, major des gardes du corps, imagina un jour, « toutes les dames placées et attendant le roi », de paraître à la tribune et de crier bien haut : « Gardes du roi, retirez-vous, le roi ne viendra pas. » — « Aussitôt murmures tout bas entre les femmes ; les petites bougies s'éteignent et les voilà toutes parties. Là-dessus arrive le roi qui, bien étonné de ne point voir de dames remplir les tribunes, demanda par quelle aventure il n'y avoit personne. Au sortir du salut, Brissac lui raconta ce qu'il avoit fait, non sans s'espacer sur la piété des dames de la cour. Le roi en rit beaucoup, et tout ce qui l'accompagnoit. »

dignités (1) : c'est du moins jusqu'à ce jour le plus bel effort de la devotion du temps.

Un dévot (2) est celui qui sous un roi athée seroit athée.

24. *Onuphre* n'a pour tout lit qu'une housse de serge grise, mais il couche sur le coton et sur le duvet; de même il est habillé simplement, mais commodément, je veux dire d'une étoffe fort légère en été, et d'une autre fort moelleuse pendant l'hiver; il porte des chemises très déliées qu'il a un très grand soin de bien cacher. Il ne dit point : *Ma haire et ma discipline* (3), au contraire; il passeroit pour ce qu'il est, pour un hypocrite, et il veut passer pour ce qu'il n'est pas, pour un homme dévot : il est vrai qu'il fait en sorte que l'on croit, sans qu'il le dise, qu'il porte une haire et qu'il se donne la discipline. Il y a quelques livres répandus dans sa chambre indifféremment (4); ouvrez-les, c'est *le Combat spirituel, le Chré ien intérieur, l'Année sainte* (5); d'autres livres sont sous la clef. S'il marche par la ville, et qu'il découvre de loin un homme devant qui il soit nécessaire qu'il soit dévot, les yeux baissés, la démarche lente et modeste, l'air recueilli lui sont familiers :

(1) Cf. *le Tartuffe*, I, 5 :

> Ces gens qui, par une âme à l'intérêt soumise,
> Font de dévotion métier et marchandise,
> Et veulent acheter crédits et dignités
> A prix de faux clins d'yeux et d'élans affectés,
> Ces gens, dis-je, qu'on voit, d'une ardeur non commune,
> Par le chemin du ciel courir à la fortune...

(2) Faux dévot. (Note de La Bruyère.)

(3) « La critique de La Bruyère n'est pas fondée. Tartuffe ne s'adresse pas à Dorine, il l'a vue, mais il est censé ne pas la voir. A peine entré, il se retourne pour parler à son domestique dans la coulisse, et c'est en s'adressant à lui « qu'il fait en sorte que l'on croie, — sans qu'il le dise à ceux à qui il s'adresse en réalité, — qu'il porte une haire et se donne la discipline. » Dorine l'a entendu, mais il veut lui faire croire qu'il ne l'a pas vue, et c'est avec un air surpris qu'il lui demande : « Que voulez-vous ? » (*Tartuffe*, édit. Livet.)

(4) Avec une négligence voulue.

(5) Cf. La Bruyère, *De la Mode*, 21 : Tartuffe « ne se repait que de livres de spiritualité ».

il joue son rôle. S'il entre dans une église, il observe d'abord de qui il peut être vu; et selon la découverte qu'il vient de faire, il se met à genoux et prie, ou il ne songe ni à se mettre à genoux ni à prier. Arrive-t-il vers lui un homme de bien et d'autorité qui le verra et qui peut l'entendre, non-seulement il prie, mais il médite, il pousse des élans et des soupirs (1); si l'homme de bien se retire, celui-ci, qui le voit partir, s'apaise et ne souffle pas. Il entre une autre fois dans un lieu saint, perce la foule, choisit un endroit pour se recueillir, et où tout le monde voit qu'il s'humilie : s'il entend des courtisans qui parlent (2), qui rient, et qui sont à la chapelle avec moins de silence que dans l'antichambre, il fait plus de bruit qu'eux pour les faire taire; il reprend sa méditation, qui est toujours la comparaison qu'il fait de ces personnes avec lui-même, et où il trouve son compte. Il évite une église déserte et solitaire, où il pourroit entendre deux messes de suite, le sermon, vêpres et complies, tout cela entre Dieu et lui, et sans que personne lui en sût gré; il aime la paroisse, il fréquente les temples où se fait un grand concours; on n'y manque point son coup (3), on y est vu. Il choisit deux ou trois jours dans toute l'année, où à propos de rien il jeûne ou fait abstinence; mais à la fin de l'hiver il tousse, il (4) a une mauvaise poitrine, il a des vapeurs, il a eu la fièvre : il se fait prier, presser, quereller pour rompre le carême dès son commencement, et il en vient là par complaisance. Si Onuphre est nommé arbitre dans une querelle de parents ou dans un procès de famille, il est pour les plus forts, je veux dire pour les plus riches, et il ne se persuade point que celui ou celle qui a beaucoup de bien puisse avoir tort.

(1) Cf. *le Tartuffe*, I, 5 (281-288).

(2) « Le major déclare que le roi avait ordonné de l'avertir de tous les gens qui causeraient à la messe. » (Dangeau, *Mémoires à la date du 26 décembre* 1684.)

(3) Cf. *Des Biens de fortune*, 7.

(4) Tour elliptique : Il dit qu'il a.

S'il se trouve bien d'un homme opulent, à qui il a su imposer, dont il est le parasite, et dont il peut tirer de grands secours, il ne cajole (1) point sa femme, il ne lui fait du moins ni avance, ni déclaration; il s'enfuira, il lui laissera son manteau, s'il n'est aussi sûr d'elle que de lui-même. Il est encore plus éloigné d'employer pour la flatter et pour la séduire le jargon de la dévotion (2), ce n'est point par habitude qu'il le parle; mais avec dessein, et selon qu'il lui est utile, et jamais quand il ne serviroit qu'à le rendre très ridicule. Il sait où se trouvent des femmes plus sociables et plus dociles que celle de son ami; il ne les abandonne pas longtemps, quand ce ne seroit que pour faire dire de soi dans le public qu'il fait des retraites : qui en effet pourroit en douter, quand on le revoit paroître avec un visage exténué et d'un homme qui ne se ménage point ? Les femmes d'ailleurs qui fleurissent et qui prospèrent à l'ombre de la dévotion (3) lui conviennent, seulement avec cette petite différence qu'il néglige celles qui ont vieilli, et qu'il cultive les jeunes, et entre celles-ci les plus belles et les mieux faites, c'est son attrait : elles vont, et il va; elles reviennent et il revient; elles demeurent, et il demeure; c'est en tous lieux et à toutes heures qu'il a la consolation de les voir: qui pourroit n'en pas être édifié ? elles sont dévotes et il est

(1) Cf. *Tartuffe*, édit. Livet, 170. « Onuphre, comme Tartuffe, tient compte de l'imbécillité de l'homme » à qui il a su imposer; peu habitué aux usages du monde élevé, d'où sa pauvreté l'avait éloigné jusque-là, celui-ci prend trop facilement comme l'indice d'une liberté de mœurs dont il espère profiter, le goût d'Elmire pour la parure, et pour « ces visites, ces bals, ces conversations » que Madame Pernelle condamne comme inventions du malin.... On remarquera d'ailleurs avec quelle prudence Tartuffe arrive à se déclarer. »

(2) La Bruyère condamne, aussi le « jargon de la dévotion » employé par Tartuffe : « Ce n'est point par habitude, dit-il, qu'il le parle. Tartuffe, au contraire, qui n'est pas habitué au même monde qu'Elmire, emploie le langage à la fois dévot et prétentieusement précieux qu'il croit de mise pour la circonstance, et si ce langage « ne sert qu'à le rendre très ridicule », il ne s'en doute pas, et se croit admirable. » (Ed. Livet, *le Tartuffe*, 171.)

(3) Fausse dévotion. (Note de La Bruyère.)

dévot. Il n'oublie pas de tirer avantage de l'aveuglement de son ami, et de la prévention où il l'a jeté en sa faveur; tantôt il lui emprunte de l'argent, tantôt il fait si bien que cet ami lui en offre : il se fait reprocher de n'avoir pas recours à ses amis dans ses besoins; quelquefois il ne veut pas recevoir une obole sans donner un billet, qu'il est bien sûr de ne jamais retirer (1); il dit une autre fois, et d'une certaine manière, que rien ne lui manque, et c'est lorsqu'il ne lui faut qu'une petite somme, il vante quelque autre fois publiquement la générosité de cet homme, pour le piquer d'honneur et le conduire à lui faire une grande largesse. Il ne pense point à profiter de toute sa succession, ni à s'attirer une donation générale de tous ses biens (2), s'il s'agit surtout de les enlever à un fils, le légitime héritier : un homme dévot n'est ni avare, ni violent, ni injuste, ni même intéressé; Onuphre n'est pas dévot, mais il veut être cru tel, et par une parfaite, quoique fausse imitation de la piété, ménager sourdement ses intérêts : aussi ne se joue-t-il pas à la ligne directe, et il ne s'insinue jamais dans une famille où se trouvent tout à la fois une fille à pourvoir et un fils à établir ; il y a là des droits trop forts et trop inviolables : on ne les traverse point sans faire de l'éclat (et il l'appréhende), sans qu'une pareille entreprise ne vienne aux oreilles du Prince à qui il dérobe sa marche, par la crainte qu'il a d'être découvert et de paroître ce qu'il est. Il en veut à la ligne collatérale ; on l'attaque plus impunément; il est la terreur des cousins et des cousines, du neveu et de la nièce, le flatteur et l'ami déclaré de tous les oncles qui ont fait fortune; il se donne pour l'héritier légitime de tout vieillard qui meurt riche et sans enfants, et il faut que celui-ci le déshérite, s'il veut que ses parents recueil-

(1) De ne jamais payer.

(2) Cf. *le Tartuffe*, III, 7 (1177-1178). « La donation entière faite par Orgon n'était pas possible devant les lois du temps, et il n'y faut voir qu'un moyen de comédie. » (Ed. Livet, 176.)

lent sa succession : si Onuphre ne trouve pas jour (1) à les en frustrer à fond, il leur en ôte du moins une bonne partie : une petite calomnie, moins que cela, une légère médisance (2) lui suffit pour ce pieux dessein, et c'est le talent qu'il possède à un haut degré de perfection ; il se fait même souvent un point de conduite de ne le pas laisser inutile : il y a des gens, selon lui, qu'on est obligé en conscience de décrier (3), et ces gens sont ceux qu'il n'aime point, à qui il veut nuire, et dont il désire la dépouille. Il vient à ses fins sans se donner même la peine d'ouvrir la bouche : on lui parle d'*Eudoxe*, il sourit ou il soupire ; on l'interroge, on insiste, il ne répond rien ; et il a raison : il en a assez dit.

27. C'est une chose délicate à un prince religieux de réformer la cour et de la rendre pieuse : instruit jusques où le courtisan veut lui plaire, et aux dépens de quoi il feroit sa fortune, il le ménage avec prudence, il tolère, il dissimule, de peur de le jeter dans l'hypocrisie ou le sacrilége ; il attend plus de Dieu et du temps que de son zèle et de son industrie.

29. L'on espère que la dévotion de la cour ne laissera pas d'inspirer la résidence (4).

(1) Ne trouve pas moyen de.
(2) Cf. *le Barbier de Séville*, II, 8.
(3) « Enfin, c'est là le vrai moyen de faire impunément tout ce que je voudrai. Je m'érigerai en censeur des actions d'autrui, jugerai mal de tout le monde et n'aurai bonne opinion que de moi. Je me ferai le vengeur des intérêts du Ciel, et sous ce prétexte commode, je pousserai mes ennemis, je les accuserai d'impiété et saurai déchaîner contre eux des zélés indiscrets, qui, sans connaissance de cause, crieront en public contre eux, qui les accableront d'injures, et les damneront hautement de leur autorité privée. » (*Don Juan*, V, 2.)
(4) Cf. Boileau, *ép.* I :

> Mais à l'ambition d'opposer la prudence,
> C'est aux prélats de cour prêcher la résidence.

Résidence. — « Ce terme se dit spécialement de la demeure des bénéficiers ecclésiastiques dans le lieu de leur bénéfice et de leur assiduité à le desservir. » (*Dict. de Trévoux.*)

DE QUELQUES USAGES

---

1. Il y a des gens qui n'ont pas le moyen d'être nobles (1).

Il y en a de tels que, s'ils eussent obtenu six mois de délai de leurs créanciers, ils étoient nobles.

Quelques autres se couchent roturiers et se lèvent nobles.

Combien de nobles dont le père et les aînés sont roturiers!

2. Tel abandonne son père, qui est connu et dont l'on cite le greffe et la boutique, pour se retrancher sur son aïeul qui, mort depuis longtemps, est inconnu et hors de prise; il montre ensuite un gros revenu, une grosse charge, de belles alliances, et pour être noble, il ne lui manque que des titres.

6. Il suffit de n'être pas né dans une ville, mais sous une chaumière répandue dans la campagne (2), ou sous une ruine qui trempe dans un marécage et qu'on appelle château, pour être cru noble sur sa parole.

7. Un bon gentilhomme veut passer pour un petit seigneur, et il y parvient. Un grand seigneur affecte la princi-

(1) « Quand Gros-Pierre prenait le nom pompeux de M. de l'Ile, ce n'était pas seulement chez lui question de vanité, mais question d'immunité. Le fisc s'inquiétait plus de ces usurpations que les d'Hozier. » (Gidel, *les Français au* XVIIe *siècle.*) Cf. La Bruyère: « Il n'y a rien à perdre à être noble: franchises, immunités, exemptions, privilèges, que manque-t-il à ceux qui ont un titre? » (*De Quelques Usages*, 13.)

(2) Cf. Molière, *l'École des Femmes*, I, 1.

pauté, et il use de tant de précautions qu'à force de beaux noms, de disputes sur le rang et les préséances de nouvelles armes, et d'une généalogie que d'HOZIER (1) ne lui a pas faite, il devient enfin un petit prince (2).

9. Certaines gens portent trois noms, de peur d'en manquer : ils en ont pour la campagne et pour la ville, pour les lieux de leur service ou de leur emploi. D'autres ont un seul nom dissyllable, qu'ils anoblissent par des particules (3) dès que leur fortune devient meilleure. Celui-ci par la suppression d'une syllabe fait de son nom obscur un nom illustre, celui-là par le changement d'une lettre en une autre se travestit, et de *Syrus* devient *Cyrus*. Plusieurs suppriment leurs noms, qu'ils pourroient conserver sans honte, pour en adopter de plus beaux, où ils n'ont qu'à perdre par la comparaison que l'on fait toujours d'eux qui les portent, avec les grands hommes qui les ont portés.

14. Je le déclare nettement, afin que l'on s'y prépare et que personne un jour n'en soit surpris ; s'il arrive jamais que quelque grand me trouve digne de ses soins (4), si je fais enfin une belle fortune, il y a un Geoffroy de La Bruyère, que toutes les chroniques rangent au nombre des plus grands seigneurs de France qui suivirent GODEFROY DE BOUILLON à la conquête de la Terre-Sainte : voilà alors de qui je descends en ligne directe (5).

(1) Généalogiste célèbre.

(2) Cf. La Fontaine, I, 3, *la Grenouille et le Bœuf.*

(3) En ce siècle qu'on dit siècle d'égalité...
Chacun pour y pouvoir trouver la particule,
Travaille sur son nom et le désarticule,
Et le vainqueur de Tyr, s'il existait encor,
Signerait, j'en suis sûr : Nabucho de Nosor.

A. de Vigny.

(4) Soins, attentions. — Cf. *Des Jugements*, 28.

(5) Un Geoffroy de La Bruyère prit part à la troisième croisade un siècle après Godefroy de Bouillon, 1058-1100) et mourut au siège de Saint-Jean-d'Acre, en 1191.

19. Déclarerai-je donc ce que je pense de ce qu'on appelle dans le monde un beau salut, la décoration souvent profane, les places retenues et payées, des livres distribués comme au théâtre (1), les entrevues et les rendez-vous fréquents, le murmure et les causeries étourdissantes, quelqu'un monté sur une tribune qui y parle familièrement, sèchement, et sans autre zèle que de rassembler le peuple, l'amuser, jusqu'à ce qu'un orchestre, le dirai-je? et des voix qui concertent (2) depuis longtemps se fassent entendre? Est-ce à moi à m'écrier que le zèle de la maison du Seigneur me consume, et à tirer le voile léger qui couvre les mystères témoins d'une telle indécence? Quoi! parce qu'on ne danse pas encore aux TT** (3), me forcera-t-on d'appeler tout ce spectacle office d'Église?

26. « Moi, dit le cheffecier (4), je suis maître du chœur; qui me forcera d'aller à matines? mon prédécesseur n'y alloit point; suis-je de pire condition? dois-je laisser avilir ma dignité entre mes mains, ou la laisser telle que je l'ai reçue? » — « Ce n'est point, dit l'écolâtre, mon intérêt qui me mène, mais celui de la prébende : il seroit bien dur qu'un grand chanoine fût sujet au chœur, pendant que le trésorier, l'archidiacre, le pénitencier et le grand vicaire s'en croient exempts. » — « Je suis bien fondé, dit le prévôt, à demander la rétribution sans me trouver à l'office : il y a vingt années entières que je suis en possession de dormir les nuits; je veux finir comme j'ai commencé, et l'on ne me verra point déroger à mon titre : que me serviroit d'être à la tête d'un chapitre? mon exemple ne tire point à consé-

(1) Le motet traduit en français par LL***. (Note de La Bruyère.)

(2) Concerter, « faire concert : on concerte aujourd'hui chez Monsieur un tel, nous concerterons demain ». (Richelet.)

(3) TT**, les théatins.

(4) « La Bruyère nous fait assister ici à une querelle entre les principaux membres d'un chapitre; car le chevecier est chanoine, comme l'écolâtre (le surveillant des écoles), le trésorier, le pénitencier (celui qui est chargé des cas réservés) et autres ecclésiastiques... » (Chassang, éd. des *Caractères*.)

quence. » Enfin c'est entre eux tous à qui ne louera point Dieu, à qui fera voir par un long usage qu'il n'est point obligé de le faire : l'émulation de ne point se rendre aux offices divins ne sauroit être plus vive et plus ardente (1). Les cloches sonnent dans une nuit tranquille; et leur mélodie, qui réveille les chantres et les enfants de chœur, endort les chanoines, les plonge dans un sommeil doux et facile, et qui ne leur procure que de beaux songes (2) : ils se lèvent tard, et vont à l'église se faire payer d'avoir dormi.

30. Un homme joue et se ruine : il marie néanmoins l'aînée de ses deux filles de ce qu'il a pu sauver des mains d'un *Ambreville ;* la cadette est sur le point de faire ses vœux, qui n'a point d'autre vocation que le jeu de son père.

31. Il s'est trouvé des filles qui avoient de la vertu, de la santé, de la ferveur et une bonne vocation, mais qui n'étoient pas assez riches pour faire dans une riche abbaye vœu de pauvreté (3).

41. *Orante* plaide depuis dix ans entiers en règlement de juges pour une affaire juste, capitale, et où il y va de toute sa fortune : elle saura peut-être dans cinq années quels seront ses juges, et dans quel tribunal elle doit plaider le reste de sa vie.

43. Le devoir des juges est de rendre la justice ; leur métier, de la différer (4). Quelques-uns savent leur devoir, et font leur métier.

44. Celui qui sollicite son juge ne lui fait pas honneur; car ou il se défie de ses lumières et même de sa probité, ou

(1) Cf. Boileau, *le Lutrin*, I, 17.
(2) Cf. *le Lutrin*. IV, 109.
(3) « Ce dernier trait, dit Suard, rejeté si heureusement à la fin d'une période pour donner plus de saillie au contraste, n'échappera pas à ceux qui aiment à observer dans les productions des arts les procédés de l'artiste. »
(4) « Une circonstance essentielle à la justice que l'on doit aux autres, c'est de la faire promptement et sans différer : la faire attendre, c'est injustice. » (La Bruyère, *Des Jugements*, 81.)

il cherche à le prévenir (1), ou il lui demande une injustice (2).

45. Il se trouve des juges auprès de qui la faveur, l'autorité, les droits de l'amitié et de l'alliance nuisent à une bonne cause, et qu'une trop grande affectation de passer pour incorruptibles expose à être injustes (3).

48. Il n'y a aucun métier qui n'ait son apprentissage, et en montant des moindres conditions jusques aux plus grandes, on remarque dans toutes un temps de pratique et d'exercice qui prépare aux emplois, où les fautes sont sans conséquence, et mènent au contraire à la perfection. La guerre même, qui ne semble naître et durer que par la confusion et le désordre, a ses préceptes; on ne se massacre pas par pelotons et par troupes en rase campagne sans avoir appris, et l'on s'y tue méthodiquement. Il y a l'école de la guerre : où est l'école du magistrat? Il y a un usage, des lois, des coutumes : où est le temps, et le temps assez long que l'on emploie à les digérer et à s'en instruire? L'essai et l'apprentissage d'un jeune adolescent qui passe de la férule à la pourpre, et dont la consignation (4) a fait un juge, est de décider souverainement des vies et des fortunes des hommes (5).

50. « Il est vrai, dit-on, cette somme lui est due, et ce droit lui est acquis. Mais je l'attends à cette petite formalité; s'il l'oublie, il n'y revient plus, et *conséquemment* il perd sa somme, ou il est *incontestablement* déchu de son droit; or il oubliera cette formalité. » Voilà ce que j'appelle une conscience de praticien (6).

(1) Cf. *Des Jugements*, n° 4, note 1.
(2) Cf. *le Misanthrope*, I, 1 (186 sq.).
(3) « Notre propre intérêt est encore un merveilleux instrument pour nous crever les yeux agréablement. Il n'est pas permis au plus équitable homme du monde d'être juge en sa cause : j'en sais qui, pour ne pas tomber dans cet amour-propre, ont été les plus injustes du monde à contre-biais. Le moyen sûr de perdre une affaire toute juste était de la leur faire recommander par leurs propres parents. » (Pascal, III. 3.)
(4) Consigner, déposer son argent au trésor public pour une grande charge. (Note de La Bruyère.)
(5) Cf. Mme de Sévigné, lettre du 27 mai 1680.
(6) Cf. E. Augier, *Maître Guérin*, I, 5; V, 2.
Pour *praticien*, cf. *Des Jugements*, 21.

Une belle maxime pour le palais, utile au public, remplie de raison, de sagesse et d'équité, ce seroit précisément la contradictoire de celle qui dit que la forme emporte le fond.

51. La question est une invention merveilleuse et tout à fait sûre pour perdre un innocent qui a la complexion foible, et sauver un coupable qui est né robuste.

52. Un coupable puni est un exemple pour la canaille; un innocent condamné est l'affaire de tous les honnêtes gens.

Je dirai presque de moi : « Je ne serai pas voleur ou meurtrier. » — « Je ne serai pas un jour puni comme tel (1) » c'est parler bien hardiment.

Une condition lamentable est celle d'un homme innocent à qui la précipitation et la procédure ont trouvé un crime ; celle même de son juge peut-elle l'être davantage ?

55. Il n'est pas absolument impossible qu'une personne qui se trouve dans une grande faveur perde un procès.

63. *Ragoûts*, *liqueurs*, *entrées*, *entremets*, tous mots qui devroient être barbares et inintelligibles en notre langue ; et s'il est vrai qu'ils ne devroient pas être d'usage en pleine paix, où ils ne servent qu'à entretenir le luxe et la gourmandise, comment peuvent-ils être entendus dans le temps de la guerre et d'une misère publique, à la vue de l'ennemi, à la veille d'un combat, pendant un siége? Où est-il parlé de la table de *Scipion* ou de celle de *Marius?* Ai-je lu quelque part que *Miltiade*, qu'*Épaminondas*, qu'*Agésilas* aient fait une chère délicate? je voudrois qu'on ne fît mention de la délicatesse, de la propreté et de la somptuosité des généraux, qu'après n'avoir plus rien à dire sur leur sujet et s'être épuisé sur les circonstances d'une bataille gagnée et d'une ville prise; j'aimerois même qu'ils voulussent se priver de cet éloge.

(1) Pensée qui rappelle le mot souvent cité : « Si j'étais accusé d'avoir volé les tours de Notre-Dame, je commencerais par prendre la fuite. »

68. *Carro Carri* (1) débarque avec une recette qu'il appelle un prompt remède, et qui quelquefois est un poison lent; c'est un bien de famille, mais amélioré en ses mains : de spécifique qu'il étoit contre la colique, il guérit de la fièvre quarte, de la pleurésie, de l'hydropisie, de l'apoplexie, de l'épilepsie. Forcez un peu votre mémoire, nommez une maladie, la première qui vous viendra en l'esprit : l'hémorragie, dites-vous? il la guérit. Il ne ressuscite personne, il est vrai; il ne rend pas la vie aux hommes : mais il les conduit nécessairement jusqu'à la décrépitude, et ce n'est que par hasard que son père et son aïeul, qui avoient ce secret, sont morts fort jeunes. Les médecins reçoivent de leurs visites ce qu'on leur donne; quelques-uns se contentent d'un remercîment : Carro Carri est si sûr de son remède, et de l'effet qui en doit suivre, qu'il n'hésite pas de s'en faire payer d'avance, et de recevoir avant de donner. Si le mal est incurable, tant mieux, il n'en est que plus digne de son application et de son remède (2). Commencez par lui livrer quelques sacs de mille francs, passez-lui un contrat de constitution (3), donnez-lui une de vos terres, la plus petite, et ne soyez pas ensuite plus inquiet que lui de votre guérison. L'émulation de cet homme a peuplé le monde de noms en O et en I, noms vénérables, qui imposent aux malades et aux maladies. Vos médecins, Fagon (4), et de toutes les facultés, avouez-le, ne guérissent pas toujours, ni sûrement : ceux, au contraire, qui ont hérité de leurs pères la médecine pratique (5), et à

(1) Carro Carri, médecin empirique qui devint célèbre et riche en vendant fort cher et d'avance des remèdes qui parfois épargnaient le malade.

(2) « Toinette en médecin : « Je voudrais, Monsieur, que vous fussiez « abandonné de tous les médecins, désespéré, à l'agonie, pour vous « montrer l'excellence de nos remèdes. » (Molière, *le Malade imaginaire*, III, 14.)

(3) Contrat par lequel on constituait une vente.

(4) Fagon, l'un des défenseurs du quinquina et de l'émétique. La Fontaine a célébré dans un poème (1682, *le Quinquina*) « du présent d'Apollon la force et la vertu ».

(5) Empirique.

qui l'expérience est échue par succession, promettent toujours, et avec serments, qu'on guérira. Qu'il est doux aux hommes de tout espérer d'une maladie mortelle, et de se porter encore passablement bien à l'agonie! La mort surprend agréablement et sans s'être fait craindre; on la sent plutôt qu'on n'a songé à s'y préparer et à s'y résoudre. O FAGON ESCULAPE! faites régner sur toute la terre le quinquina et l'émétique; conduisez à sa perfection la science des simples, qui sont donnés aux hommes pour prolonger leur vie; observez dans les cures, avec plus de précision et de sagesse que personne n'a encore fait, le climat, les temps, les symptômes et les complexions; guérissez de la manière seule qu'il convient à chacun d'être guéri; chassez des corps, où rien ne vous est caché de leur économie, les maladies les plus obscures et les plus invétérées; n'attentez pas sur celles de l'esprit, elles sont incurables; laissez à *Corinne*, à *Lesbie*, à *Canidie*, à *Trimalcion* et à *Carpus*, la passion ou la fureur des charlatans(1).

71. L'on ne peut guère charger l'enfance de la connoissance de trop de langues, et il me semble que l'on devroit mettre toute son application à l'en instruire; elles sont utiles

(1) « Il serait curieux de rapprocher de ce morceau le chapitre où le sieur de Pepinocourt (Jean Bernier), médecin et moraliste, note avec aigreur le « déclin de la médecine et celui du crédit des médecins! Pour un ou deux qui font quelque petite fortune, il y en a vingt qui ne font que tondre le persil. » Comment expliquer ce discrédit? « Tout ce qui me paraît diminuer sa culture intellectuelle porte nécessairement atteinte à l'autorité du médecin. » Telle est la conclusion d'un rapport qui tend à « ne pas admettre le baccalauréat moderne comme donnant accès aux études médicales. » Cf. *les Etudes médicales et l'Enseignement moderne*, par M. Potain, de l'Institut, *Revue scientifique*, 30 décembre 1893. Le déclin de la médecine, Jean Bernier l'explique par des considérations moins relevées. « Le tort irréparable des médecins est d'avoir quitté l'habit long qui imposait de la vénération et d'avoir paru chez les malades et en public *in brevibus* (en négligé), et faits en valets de trèfle. » « Il faut s'estimer si l'on veut que les malades nous estiment, et leur insinuer doucement que *medicina data gratis nihil confert utilitatis* (que le remède, s'il n'est pas payé, ne produit pas d'effet). » (*Réflexions, pensées et bons mots*, par le sieur de Pepinocourt (Jean Bernier) 1696). Malgré le grec et le latin dont il farcit sa langue, M. J. Bernier ne fait guère honneur à la littérature médicale.

à toutes les conditions des hommes, et elles leur ouvrent également l'entrée ou à une profonde ou à une facile et agréable érudition. Si l'on remet cette étude si pénible à un âge un peu plus avancé, et qu'on appelle la jeunesse, ou l'on n'a pas la force de l'embrasser par choix, ou l'on n'a pas celle d'y persévérer; et, si l'on y persévère, c'est consumer à la recherche des langues le même temps qui est consacré à l'usage que l'on en doit faire (1), c'est borner à la science des mots un âge qui veut déjà aller plus loin et qui demande des choses; c'est au moins avoir perdu les premières et les plus belles années de sa vie. Un si grand fonds ne se peut bien faire (2) que lorsque tout s'imprime dans l'âme naturellement et profondément; que la mémoire est neuve, prompte et fidèle; que l'esprit et le cœur sont encore vides de passions, de soins et de désirs, et que l'on est déterminé à de longs travaux par ceux de qui l'on dépend. Je suis persuadé que le petit nombre d'habiles, ou le grand nombre de gens superficiels vient de l'oubli de cette pratique.

72. L'étude des textes ne peut jamais être assez recommandée; c'est le chemin le plus court, le plus sûr et le plus agréable pour tout genre d'érudition. Ayez les choses de la première main; puisez à la source; maniez, remaniez le texte; apprenez-le de mémoire; citez-le dans les occasions; songez surtout à en pénétrer le sens dans toute son étendue et dans ses circonstances; conciliez (3) un auteur original, ajustez ses principes, tirez vous-même les conclusions. Les premiers commentateurs se sont trouvés dans le cas où je désire que vous soyez : n'empruntez leurs lumières et ne suivez leurs vues qu'où les vôtres seroient trop courtes : leurs explications ne sont pas à vous, et peuvent aisément vous échapper; vos observations, au contraire, naissent de votre esprit et y demeurent : vous les retrouvez plus ordi-

(1) Cf. *Des Jugements*, nº 19.
(2) Ne se peut bien acquérir.
(3) Accordez des pensées qui peuvent n'être contradictoires qu'en apparence.

nairement dans la conversation, dans la consultation et dans la dispute. Ayez le plaisir de voir que vous n'êtes arrêté, dans la lecture, que par les difficultés qui sont invincibles, où les commentateurs et les scoliastes eux-mêmes demeurent court, si fertiles d'ailleurs, si abondants et si chargés d'une vaine et fastueuse érudition dans les endroits clairs, et qui ne font de peine ni à eux ni aux autres. Achevez ainsi de vous convaincre, par cette méthode d'étudier, que c'est la paresse des hommes qui a encouragé le pédantisme à grossir plutôt qu'à enrichir les bibliothèques, à faire périr le texte sous le poids des commentaires ; et qu'elle a en cela agi contre soi-même et contre ses plus chers intérêts, en multipliant les lectures, les recherches et le travail, qu'elle cherchoit à éviter.

DE LA CHAIRE

1. Le discours chrétien est devenu un spectacle. Cette tristesse (1) évangélique qui en est l'âme ne s'y remarque plus : elle est suppléée par les avantages de la mine, par la régularité du geste, par le choix des mots, et par les longues énumérations. On n'écoute plus sérieusement la parole sainte : c'est une sorte d'amusement entre mille autres ; c'est un jeu où il y a de l'émulation et des parieurs.

4. Les citations profanes, les froides allusions, le mauvais pathétique, les antithèses, les figures outrées ont fini : les portraits finiront (2), et feront place à une simple explication de l'Évangile, jointe aux mouvements qui inspirent la conversion.

5. Cet homme que je souhaitois impatiemment, et que je ne daignois pas espérer de notre siècle, est enfin venu. Les courtisans, à force de goût et de (3) connoître les bienséances, lui ont applaudi ; ils ont, chose incroyable ! abandonné la chapelle du roi, pour venir entendre avec le

(1) Gravité.

(2) Bourdaloue avait excellé dans ce genre ; il ne laissa guère que de maladroits imitateurs. Cf. Boileau, sat. X :

> Écolier ou plutôt singe de Bourdaloue,
> Je me plais à remplir mon sermon de portraits.

(3) Construction aujourd'hui jugée défectueuse.

peuple la parole de Dieu annoncée par cet homme apostolique (1). La ville n'a pas été de l'avis de la cour : où il a prêché, les paroissiens ont déserté; jusqu'aux (2) marguilliers ont disparu; les pasteurs ont tenu ferme, mais les ouailles se sont dispersées, et les orateurs voisins en ont grossi leur auditoire. Je devois le prévoir, et ne pas dire qu'un tel homme n'avoit qu'à se montrer pour être suivi, et qu'à parler pour être écouté : ne savois-je pas quelle est dans les hommes, et en toutes choses, la force indomptable de l'habitude? Depuis trente années, on prête l'oreille aux rhéteurs, aux déclamateurs, aux *énumérateurs* (3); on court ceux qui peignent en grand ou en miniature. Il n'y a pas longtemps qu'ils avoient des chutes ou des transitions ingénieuses, quelquefois même si vives et si aiguës qu'elles pouvoient passer pour épigrammes : ils les ont adoucies, je l'avoue, et ce ne sont plus que des madrigaux. Ils ont toujours d'une (4) nécessité indispensable et géométrique, trois sujets admirables de vos attentions : ils prouveront une telle chose dans la première partie de leur discours, cette autre dans la seconde partie, et cette autre encore dans la troisième. Ainsi vous serez convaincu d'abord d'une certaine vérité, et c'est leur premier point; d'une autre vérité, et c'est leur second point; et puis d'une troisième vérité, et c'est leur troisième point : de sorte que la première réflexion vous instruira d'un principe des plus fondamentaux de votre religion; la seconde, d'un autre principe qui ne l'est pas moins; et la dernière réflexion, d'un troisième et dernier principe, le plus important de tous, qui est remis pourtant, faute de loisir, à une autre fois. Enfin, pour reprendre et abréger cette division et former un plan... — Encore! dites-vous, et quelles préparations pour un discours de trois quarts d'heure qui leur reste à faire! Plus

(1) Le P. Sérapin, capucin. (Note de la Bruyère.)
(2) Construction dont Littré ne relève que ce seul exemple.
(3) Mot forgé par La Bruyère.
(4) De, par suite de.

ils cherchent à le digérer (1) et à l'éclaircir, plus ils m'embrouillent. — Je vous crois sans peine, et c'est l'effet le plus naturel de tout cet amas d'idées qui reviennent à la même, dont ils chargent sans pitié la mémoire de leurs auditeurs. Il semble, à les voir s'opiniâtrer à cet usage, que la grâce de la conversion soit attachée à ces énormes partitions (2). Comment néanmoins seroit-on converti par de tels apôtres, si l'on ne peut qu'à peine les entendre articuler, les suivre et ne pas les perdre de vue? Je leur demanderois volontiers qu'au milieu de leur course impétueuse, ils voulussent plusieurs fois reprendre haleine, souffler un peu, et laisser souffler leurs auditeurs. Vains discours, paroles perdues! Le temps des homélies (3) n'est plus ; les Basiles, les Chrysostomes (4) ne le ramèneroient pas; on passeroit en d'autres diocèses pour être hors de la portée de leur voix et de leurs familières instructions. Le commun des hommes aime les phrases et les périodes, admire ce qu'il n'entend pas (5), se suppose instruit, content de décider entre un premier et un second point, ou entre le dernier sermon et le pénultième (6).

6. Il y a moins d'un siècle qu'un livre françois étoit un certain nombre de pages latines, où l'on découvroit quelques lignes ou quelques mots en notre langue. Les passages, les traits et les citations n'en étoient pas demeurés là (7): Ovide et Catulle (8) achevoient de décider du mariage et

(1) Digérer, mettre en ordre, étudier à fond.
(2) Cf. Fénelon, *Dialogues sur l'éloquence*; — *Lettre à l'Académie* (*Projet de Rhétorique*).
(3) Instruction familière.
(4) Saint Basile, né à Césarée en Cappadoce vers 329, mort en 379; saint Chrysostome, né à Antioche en 344, mort en 407, évêque de Constantinople.
(5) Cf. La Bruyère, *Des Ouvrages de l'Esprit*, n° 8.
(6) L'avant-dernier.
(7) Avaient infecté d'autres genres; voyez, par exemple, le discours de l'Intimé dans *les Plaideurs*, III, 3.
(8) Ovide, poète latin (43 av. J.-C., 18 après). Catulle (87-40 av. J.-C.).

des testaments, et venoient avec les *Pandectes* (1) au secours de la veuve et des pupilles. Le sacré et le profane ne se quittoient point ; ils s'étoient glissés ensemble jusque dans la chaire : saint Cyrille (2), Horace, saint Cyprien (2), Lucrèce, parloient alternativement; les poëtes étoient de l'avis de saint Augustin (2) et de tous les Pères ; on parloit latin ; et longtemps, devant des femmes et des marguilliers, on a parlé grec. Il falloit savoir prodigieusement pour prêcher si mal. Autre temps, autre usage : le texte est encore latin, tout le discours est françois, et d'un beau françois ; l'Évangile même n'est pas cité. Il faut savoir aujourd'hui très peu de chose pour bien prêcher.

11. Le solide et l'admirable discours que celui qu'on vient d'entendre ! Les points de religion les plus essentiels, comme les plus pressants motifs de conversion y ont été traités : quel grand effet n'a-t-il pas dû faire sur l'esprit et dans l'âme de tous les auditeurs ! Les voilà rendus : ils en sont émus et touchés au point de résoudre dans leur cœur, sur ce sermon de *Théodore*, qu'il est encore plus beau que le dernier qu'il a prêché (3).

12. La morale douce et relâchée tombe avec celui qui la prêche ; elle n'a rien qui réveille et qui pique la curiosité d'un homme du monde, qui craint moins qu'on ne pense une doctrine sévère (4), et qui l'aime même dans celui qui fait son devoir en l'annonçant. Il semble donc qu'il y ait dans l'Église comme deux états qui doivent la partager ; celui de dire la vérité dans toute son étendue, sans égards, sans déguisement ; celui de l'écouter avidement, avec goût, avec admiration, avec éloges, et de n'en faire cependant ni pis ni mieux.

(1) Recueil de décisions de jurisconsultes auxquelles Justinien a donné force de loi.

(2) Saint Cyrille, saint Cyprien, saint Augustin, pères de l'Eglise.

(3) M. Walckenaer pense que La Bruyère fait ici allusion à Bourdaloue. La critique n'atteint-elle pas plutôt les auditeurs que l'orateur ?

(4) L'austérité même de la doctrine janséniste explique sa vogue au XVIIe siècle.

13. L'on peut faire ce reproche (1) à l'héroïque vertu des grands hommes, qu'elle a corrompu l'éloquence, ou du moins amolli le style de la plupart des prédicateurs. Au lieu de s'unir seulement avec les peuples pour bénir le Ciel de si rares présents qui en sont venus, ils ont entré (2) en société avec les auteurs et les poëtes; et devenus comme eux panégyristes, ils ont enchéri (3) sur les épitres dédicatoires, sur les stances et sur les prologues; ils ont changé la parole sainte en un tissu de louanges, justes à la vérité, mais mal placées, intéressées, que personne n'exige d'eux, et qui ne conviennent point à leur caractère. On est heureux si, à l'occasion du héros qu'ils célèbrent jusque dans le sanctuaire, ils disent un mot de Dieu et du mystère qu'ils doivent prêcher. Il s'en est trouvé quelques-uns qui, ayant assujetti le saint Évangile, qui doit être commun à tous, à la présence d'un seul auditeur, se sont vus déconcertés par des hasards qui le retenoient ailleurs, n'ont pu prononcer devant des chrétiens un discours chrétien qui n'étoit pas fait pour eux, et ont été suppléés par d'autres orateurs, qui n'ont eu le temps que de louer Dieu dans un sermon précipité (4).

15. Le métier de la parole ressemble en une chose à celui de la guerre : il y a plus de risque qu'ailleurs, mais la fortune y est plus rapide.

23. Tel tout d'un coup, et sans y avoir pensé la veille, prend du papier, une plume, dit en soi-même : « Je vais faire un livre », sans autre talent pour écrire que le besoin

(1) Les clefs disent que cet article a été dirigé contre les *Oraisons funèbres;* il viserait plutôt les prédicateurs courtisans.

(2) « Quand on voulait marquer une action, un mouvement, entrer se conjuguait avec avoir. »

(3) Cf. *De la Société et de la Conversation*, n° 65, note 2.

(4) « L'abbé de Roquette, neveu de l'évêque d'Autun, ayant à prêcher devant le roi un jour de jeudi saint, avait préparé un beau discours rempli des louanges du roi, qui devait s'y trouver; mais le roi ne l'ayant pu, à cause de quelques affaires qui lui survinrent, il n'osa monter en chaire, n'ayant plus d'occasion de débiter son discours. » (*Clefs.*)

qu'il a de cinquante pistoles. Je lui crie inutilement : « Prenez une scie, Dioscore, sciez, ou bien tournez, ou faites une jante de roue; vous aurez votre salaire (1). » Il n'a point fait l'apprentissage de tous ces métiers. « Copiez donc, transcrivez, soyez au plus correcteur d'imprimerie, n'écrivez point. » Il veut écrire et faire imprimer; et parce qu'on n'envoie pas à l'imprimeur un cahier blanc, il le barbouille de ce qui lui plaît : il écriroit volontiers que la Seine coule à Paris, qu'il y a sept jours dans la semaine, ou que le temps est à la pluie; et, comme ce discours n'est ni contre la religion ni contre l'État, et qu'il ne fera point d'autre désordre dans le public que de lui gâter le goût et l'accoutumer aux choses fades et insipides, il passe à l'examen (2), il est imprimé, et à la honte du siècle, comme pour l'humiliation des bons auteurs, réimprimé. De même un homme dit en son cœur : « Je prêcherai », et il prêche : le voilà en chaire, sans autre talent ni vocation que le besoin d'un bénéfice.

26. L'éloquence de la chaire, en ce qui y entre (3) d'humain et du talent de l'orateur, est cachée (4), connue de peu de personnes et d'une difficile exécution : quel art en ce genre pour plaire en persuadant ! Il faut marcher par des chemins battus, dire ce qui a été dit et ce que l'on prévoit que vous allez dire. Les matières sont grandes, mais usées et triviales; les principes sûrs, mais dont (5) les auditeurs pénètrent les conclusions d'une seule vue. Il y entre des sujets qui sont sublimes, mais qui peut traiter le sublime? Il y a des mystères que l'on doit expliquer, et qui s'expliquent mieux par une leçon de l'école que par un discours oratoire. La morale même de la chaire, qui comprend une matière aussi vaste et aussi diversifiée que le sont les

(1) Cf. Boileau, *Art poétique*, chant IV, vers 26-28.
(2) A l'examen des censeurs qui autorisent l'impression.
(3) A ne la considérer que comme un art purement humain.
(4) L'éloquence de la chaire a des secrets dérobés au vulgaire.
(5) A rapprocher de ce tour la phrase *Du Mérite personnel*, 1.

mœurs des hommes roule sur les mêmes pivots, retrace les mêmes images et se prescrit des bornes bien plus étroites que la satire : après l'invective commune contre les honneurs, les richesses et le plaisir, il ne reste plus à l'orateur qu'à courir à la fin de son discours et à congédier l'assemblée. Si quelquefois on pleure, si on est ému, après avoir fait attention au génie et au caractère de ceux qui font pleurer, peut-être conviendra-t-on que c'est la matière qui se prêche elle-même, et notre intérêt le plus capital qui se fait sentir; que c'est moins une véritable éloquence que la ferme poitrine du missionnaire qui nous ébranle et qui cause en nous tous ces mouvements (1). Enfin, le prédicateur n'est point soutenu, comme l'avocat, par des faits toujours nouveaux, par de différents événements, par des aventures inouïes; il ne s'exerce point sur les questions douteuses; il ne fait point valoir les violentes (2) conjectures et les présomptions, toutes choses néanmoins qui élèvent le génie, lui donnent de la force et de l'étendue, et qui contraignent (3) bien moins l'éloquence qu'elles ne la fixent et la dirigent. Il doit, au contraire, tirer son discours d'une source commune, et où tout le monde puise; et, s'il s'écarte de ces lieux communs, il n'est plus populaire, il est abstrait ou déclamateur, il ne prêche plus l'Evangile. Il n'a besoin que d'une noble simplicité, mais il faut l'atteindre, talent rare et qui passe les forces du commun des hommes : ce qu'ils ont de génie, d'imagination, d'érudition et de mémoire, ne leur sert souvent qu'à s'en éloigner.

La fonction d'avocat est pénible, laborieuse, et suppose, dans celui qui l'exerce, un riche fonds et de grandes ressources. Il n'est pas seulement chargé, comme le prédicateur, d'un certain nombre d'oraisons (4) composées avec

(1) Cf. Buffon, *Discours sur le style;* La Bruyère, *Du Mérite personnel*, n° 55, note 1.
(2) Puissantes.
(3) Mettre à l'étroit, gêner.
(4) Discours.

loisir, récitées de mémoire, avec autorité, sans contradicteurs, et qui, avec de médiocres changements, lui font honneur plus d'une fois : il prononce de graves plaidoyers devant les juges qui peuvent lui imposer silence, et contre des adversaires qui l'interrompent; il doit être prêt sur la réplique; il parle, en un même jour, dans divers tribunaux, de différentes affaires. Sa maison n'est pas, pour lui, un lieu de repos et de retraite, ni un asile contre les plaideurs; elle est ouverte à tous ceux qui viennent l'accabler de leurs questions et de leurs doutes. Il ne se met pas au lit, on ne l'essuie point, on ne lui prépare point des rafraîchissements (1); il ne se fait point, dans sa chambre, un concours de monde de tous les états (2) et de tous les sexes, pour le féliciter sur l'agrément et sur la politesse de son langage, lui remettre l'esprit sur un endroit où il a couru risque de demeurer court, ou sur un scrupule qu'il a sur le chevet d'avoir plaidé moins vivement qu'à l'ordinaire. Il se délasse d'un long discours par de plus longs récits, il ne fait que changer de travaux et de fatigues : j'ose dire qu'il est, dans son genre, ce qu'étoient, dans le leur, les premiers hommes apostoliques.

Quand on a ainsi distingué l'éloquence du barreau de la fonction de l'avocat et l'éloquence de la chaire du ministère du prédicateur, on croit voir qu'il est plus aisé de prêcher que de plaider, et plus difficile de bien prêcher que de bien plaider.

(1) Cf. Boileau, sat. X.
(2) Classes de la société.

PRÉFACE DU DISCOURS DE RÉCEPTION A L'ACADÉMIE

(FRAGMENTS)

« Je viens d'entendre, a dit Théobalde (1), une grande vilaine harangue qui m'a fait bâiller vingt fois, et qui m'a ennuyé à la mort. » Voilà ce qu'il a dit, et voilà ensuite ce qu'il a fait, lui et peu d'autres (2) qui ont cru devoir entrer dans les mêmes intérêts. Ils partirent pour la cour le lendemain de la prononciation de ma harangue; ils allèrent de maisons en maisons; ils dirent aux personnes auprès de qui ils ont accès que je leur avois balbutié la veille un discours où il n'y avoit ni style ni sens commun, qui étoit rempli d'extravagances, et une vraie satire. Revenus à Paris, ils se cantonnèrent en divers quartiers, où ils répandirent tant de venin contre moi, s'acharnèrent si fort à diffamer cette harangue, soit dans leurs conversations, soit dans les lettres qu'ils écrivirent à leurs amis dans les provinces, en dirent tant de mal, et le persuadèrent si fortement à qui ne l'avoit pas entendue, qu'ils crurent pouvoir insinuer au public, ou que les *Caractères* faits de la même main étoient mauvais, ou que s'ils étoient bons, je n'en étois pas l'auteur, mais qu'une femme de mes

(1) Fontenelle.
(2) Quelques autres.

amies m'avoit fourni ce qu'il y avoit de plus supportable. Ils prononcèrent (1) aussi que je n'étois pas capable de faire rien de suivi, pas même la moindre préface : tant ils estimoient impraticable à un homme, même qui est dans l'habitude de penser et d'écrire ce qu'il pense, l'art de lier ses pensées et de faire les transitions.......

Mais qui sont ceux qui, si tendres (2) et si scrupuleux, ne peuvent même supporter que, sans blesser et sans nommer les vicieux, on se déclare contre le vice? sont-ce des chartreux et des solitaires? sont-ce les jésuites, hommes pieux et éclairés? sont-ce ces hommes religieux qui habitent en France les cloîtres et les abbayes? Tous, au contraire, lisent ces sortes d'ouvrages, et en particulier, et en public, à leurs récréations : ils en inspirent la lecture à leurs pensionnaires, à leurs élèves; ils en dépeuplent les boutiques, ils les conservent dans leurs bibliothèques. N'ont-ils pas les premiers reconnu le plan et l'économie du livre des *Caractères?* N'ont-ils pas observé que de seize chapitres qui le composent, il y en a quinze qui s'attachent à découvrir le faux et le ridicule qui se rencontrent dans les objets des passions et des attachements humains, ne tendent qu'à ruiner tous les obstacles qui affoiblissent d'abord, et qui éteignent ensuite dans tous les hommes la connoissance de Dieu : qu'ainsi ils ne sont que des préparations au seizième et dernier chapitre, où l'athéisme est attaqué, et peut-être confondu; où les preuves de Dieu, une partie du moins de celles que les foibles hommes sont capables de recevoir dans leur esprit, sont apportées; où la providence de Dieu est défendue contre l'insulte et les plaintes des libertins? Qui sont donc ceux qui osent répéter contre un ouvrage si sérieux et si utile ce continuel refrain : *C'est médisance, c'est calomnie?* Il faut les nommer : ce sont des poëtes; mais quels poëtes? Des auteurs d'hymnes sacrés ou des traduc-

(1) Prononcer, « déclarer avec autorité ». (Littré.)
(2) Qui ressent vivement, délicat, susceptible.

teurs de psaumes, des Godeaux ou des Corneilles (1)? Non, mais des faiseurs de stances et d'élégies amoureuses, de ces beaux esprits qui tournent un sonnet sur une absence ou sur un retour, qui font une épigramme sur une belle gorge et un madrigal sur une jouissance (2). Voilà ceux qui, par délicatesse de conscience, ne souffrent qu'impatiemment qu'en ménageant les particuliers avec toutes les précautions que la prudence peut suggérer, j'essaye, dans mon livre des *Mœurs*, de décrier, s'il est possible, tous les vices du cœur et de l'esprit, de rendre l'homme raisonnable et plus proche de devenir chrétien. Tels ont été les Théobaldes, ou ceux du moins qui travaillent sous eux et dans leur atelier.....

J'avois pris la précaution de protester dans une préface (3) contre toutes ces interprétations, que quelque connoissance que j'ai des hommes m'avoit fait prévoir, jusqu'à hésiter quelque temps si je devois rendre mon livre public, et à balancer entre le désir d'être utile à ma patrie par mes écrits, et la crainte de fournir à quelques-uns de quoi exercer leur malignité. Mais puisque j'ai eu la foiblesse de publier ces *Caractères*, quelle digue élèverai-je contre ce déluge d'explications qui inonde la ville, et qui bientôt va gagner la cour? Dirai-je sérieusement, et protesterai-je avec d'horribles serments, que je ne suis ni auteur ni complice de ces clefs qui courent; que je n'en ai donné aucune; que mes plus familiers amis savent que je les leur ai toutes refusées; que les personnes les plus accréditées de la cour ont désespéré d'avoir mon secret? N'est-ce pas la même chose que si je me tourmentois beaucoup à soutenir que je ne suis pas un malhonnête homme, un homme sans pudeur, sans mœurs, sans conscience, tel enfin que les gazetiers dont

(1) A. Godeau (1605-1672) a traduit les *Psaumes* en vers français et Corneille l'*Imitation de Jésus-Christ*.

(2) Allusion probable à plusieurs poètes contemporains : Fontenelle, Pavillon, Chaulieu.

(3) La préface de la 4e édition, 1689.

je viens de parler ont voulu me représenter dans leur libelle diffamatoire ?

Mais d'ailleurs, comment aurois-je donné ces sortes de clefs, si je n'ai pu moi-même les forger telles qu'elles sont et que je les ai vues? Étant presque toutes différentes (1) entre elles, quel moyen de les faire servir à une même entrée, je veux dire à l'intelligence de mes *Remarques?* Nommant des personnes de la cour et de la ville à qui je n'ai jamais parlé, que je ne connois point, peuvent-elles partir de moi et être distribuées de ma main? Aurois-je donné celles qui se fabriquent à Romorentin, à Mortaigne et à Belesmes, dont les différentes applications sont à la baillive (2), à la femme de l'assesseur (3), au président de l'Élection (4), au prévôt de la maréchaussée et au prévôt de la collégiale (5) ? Les noms y sont fort bien marqués ; mais ils ne m'aident pas davantage à connoître les personnes. Qu'on me permette ici une vanité sur mon ouvrage : je suis presque disposé à croire qu'il faut que mes peintures expriment bien l'homme en général, puisqu'elles ressemblent à tant de particuliers, et que chacun y croit voir ceux de sa ville ou de sa province. J'ai peint à la vérité d'après nature, mais je n'ai pas toujours songé à peindre celle-ci ou celle-là dans mon livre de *Mœurs*. Je ne me suis point loué au public pour faire des portraits qui ne fussent que vrais et ressemblants, de peur que quelquefois ils ne fussent pas croyables, et ne parussent feints ou

(1) « Il y a quelques variantes dans celles qui nous ont été conservées ; mais le fond en est commun : à peine semble-t-il que trois ou quatre personnes se soient ingéniées à retrouver par elles-mêmes les originaux des *Caractères*. A dire vrai, je doute qu'il y ait jamais eu beaucoup de clefs « différentes entre elles ». Répondant à ceux qui prétendent reconnaître avec certitude les modèles de ses portraits, La Bruyère oppose très légitimement la diversité des interprétations : mais il force un peu l'argument, j'imagine. » (Servois.)

(2) Baillive, femme du bailli. Bailli, officier de justice.

(3) Magistrat adjoint à un juge principal pour l'aider ou le remplacer.

(4) Certaine étendue du pays comprenant plusieurs paroisses qui payaient la taille et sur laquelle les *élus* exerçaient leur juridiction.

(5) Maison de chanoines réguliers.

imaginés. Me rendant plus difficile, je suis allé plus loin : j'ai pris un trait d'un côté et un trait d'un autre ; et de ces divers traits qui pouvoient convenir à une même personne, j'en ai fait des peintures vraisemblables, cherchant moins à réjouir les lecteurs par le caractère, ou, comme le disent les mécontents, par la satire de quelqu'un, qu'à leur proposer des défauts à éviter et des modèles à suivre...

DISCOURS DE RÉCEPTION

(FRAGMENTS)

L'un (1), aussi correct dans sa langue que s'il l'avoit apprise par règles et par principes, aussi élégant dans les langues étrangères que si elles lui étoient naturelles, en quelque idiome qu'il compose, semble toujours parler celui de son pays : il a entrepris, il a fini une pénible traduction, que le plus bel esprit pourroit avouer, et que le plus pieux personnage devroit désirer d'avoir faite.

L'autre (2) fait revivre Virgile parmi nous, transmet dans notre langue les grâces et les richesses de la latine, fait des romans qui ont une fin, en bannit le prolixe et l'incroyable, pour y substituer le vraisemblable et le naturel.

Un autre (3), plus égal que Marot et plus poëte que Voiture, a le jeu, le tour et la naïveté de tous les deux ; il instruit en badinant, persuade aux hommes la vertu par l'organe des bêtes, élève les petits sujets jusqu'au sublime : homme unique dans son genre d'écrire, toujours original, soit qu'il invente, soit qu'il traduise, qui a été au delà de ses modèles, modèle lui-même difficile à imiter.

Celui-ci (4) passe Juvénal, atteint Horace, semble créer

(1) Abbé Régnier des Marais (1632-1713).
(2) Segrais.
(3) La Fontaine.
(4) Boileau.

les pensées d'autrui et se rendre propre tout ce qu'il manie; il a dans ce qu'il emprunte des autres toutes les grâces de la nouveauté et tout le mérite de l'invention. Ses vers, forts et harmonieux, faits de génie, quoique travaillés avec art, pleins de traits et de poésie, seront lus encore quand la langue aura vieilli, en seront les derniers débris : on y remarque une critique sûre, judicieuse et innocente, s'il est permis du moins de dire de ce qui est mauvais qu'il est mauvais.

Cet autre (1) vient après un homme loué, applaudi, admiré, dont les vers volent en tous lieux et passent en proverbe, qui prime, qui règne sur la scène, qui s'est emparé de tout le théâtre. Il ne l'en dépossède pas, il est vrai; mais il s'y établit avec lui : le monde s'accoutume à en voir faire la comparaison. Quelques-uns ne souffrent pas que Corneille, le grand Corneille, lui soit préféré ; quelques autres, qu'il lui soit égalé : ils en appellent à l'autre siècle ; ils attendent la fin de quelques vieillards qui, touchés indifféremment de tout ce qui rappelle leurs premières années, n'aiment peut-être dans *Œdipe* (2) que le souvenir de leur jeunesse.

Que dirai-je de ce personnage (3) qui a fait parler si longtemps une envieuse critique et qui l'a fait taire : qu'on admire malgré soi, qui accable par le grand nombre et par l'éminence de ses talents? Orateur, historien, théologien, philosophe, d'une rare érudition, d'une plus rare éloquence soit dans ses entretiens, soit dans ses écrits, soit dans la chaire; un défenseur de la religion, une lumière de l'Église, parlons d'avance le langage de la postérité, un père de l'Église. Que n'est-il point ? Nommez, messieurs, une vertu qui n'est point la sienne.

Toucherai-je aussi votre dernier choix, si digne de

(1) Racine.
(2) La tragédie d'*Œdipe* est de 1659.
(3) Bossuet.

vous (1)? Quelles choses furent dites dans la place où je me trouve! Je m'en souviens et après ce que vous avez entendu, comment osé-je parler? Comment daignez-vous m'entendre? Avouons-le, on sent la force et l'ascendant de ce rare esprit, soit qu'il prêche de génie et sans préparation, soit qu'il prononce un discours étudié et oratoire, soit qu'il explique ses pensées dans la conversation : toujours maître de l'oreille et du cœur de ceux qui l'écoutent, il ne leur permet pas d'envier ni tant d'élévation, ni tant de facilité, de délicatesse, de politesse. On est assez heureux de l'entendre, de sentir ce qu'il dit, et comme il le dit : on doit être content de soi, si l'on emporte ses réflexions et si l'on en profite. Quelle grande acquisition avez-vous faite en cet homme illustre! A qui m'associez-vous!...

(1) Fénelon, reçu le 31 mars 1693.

JUGEMENTS SUR LA BRUYÈRE

J'ai lu avec plaisir, monsieur, la traduction de Théophraste; elle m'a donné une grande idée de ce Grec, et quoique je n'entende pas sa langue, je crois que M. de La Bruyère a trop de sincérité pour ne l'avoir pas rendu fidèlement. Mais je pense aussi que le Grec ne se plaindrait pas de son traducteur, de la manière dont il l'a fait parler français.

Si nous l'avons remercié, comme nous l'avons dû faire, de nous avoir donné cette version, vous jugez bien quelles actions de grâces nous avons à lui rendre, d'avoir joint à la peinture des mœurs des anciens, celle des mœurs de notre siècle. Mais il faut avouer qu'après nous avoir montré le mérite de Théophraste par sa traduction, il nous l'a un peu obscurci par la suite. Il est entré plus avant que lui dans le cœur de l'homme, il y est même entré plus délicatement et par des expériences plus fines. Ce ne sont point des portraits de fantaisie qu'il nous a donnés, il a travaillé d'après nature, et il n'y a pas une décision sur laquelle il n'ait eu quelqu'un en vue. Pour moi, qui ai le malheur d'une longue expérience du monde, j'ai trouvé à tous les portraits qu'il m'a faits des ressemblances peut-être aussi justes que ses propres originaux, et je crois que, pour peu qu'on ait vécu, ceux qui liront son livre en pourront faire une galerie.

Au reste, monsieur, je suis de votre avis sur la destinée

de cet ouvrage, que, dès qu'il paraîtra, il plaira fort aux gens qui ont de l'esprit, mais qu'à la longue, il plaira encore davantage. Comme il y a un beau sens enveloppé sous des tours fins, il sautera aux yeux, c'est-à-dire à l'esprit, à la révision. Tout ce que je viens de vous dire vous fait voir combien je vous suis obligé du présent que vous m'avez fait, et m'engage à vous demander ensuite la connaissance de M. de La Bruyère. Quoique tous ceux qui écrivent bien ne soient pas toujours de fort honnêtes gens, celui-ci me paraît avoir dans l'esprit un tour qui m'en donne bonne opinion, et me fait souhaiter de le connaître.

Le comte de Bussy, Roger de Rabutin, au marquis de Termes, 10 *mars* 1688.

On remarque dans tout son ouvrage un esprit juste, élevé, nerveux, pathétique, également capable de réflexion et de sentiment, et doué avec avantage de cette invention qui distingue la main des maîtres, et qui caractérise le génie.

Personne n'a peint avec plus de feu, plus de force, plus d'imagination dans l'expression, qu'on n'en voit dans ses caractères. Il est vrai qu'on n'y trouve pas aussi souvent que dans les écrits de Bossuet ou de Pascal, de ces traits qui caractérisent, non seulement une passion ou les vices d'un particulier, mais le genre humain. Ses portraits les plus élevés ne sont jamais aussi grands que ceux de Fénelon et de Bossuet : ce qui vient en grande partie des genres qu'ils ont traités. La Bruyère a cru, ce me semble, qu'on ne pouvait peindre les hommes assez petits ; et il s'est bien plus attaché à relever leurs ridicules que leur force.

VAUVENARGUES.

Nul prosateur n'a imaginé plus d'expressions nouvelles, n'a créé plus de tournures fortes ou piquantes. Sa concision est pittoresque et sa rapidité lumineuse. Quoiqu'il aille vite, vous le suivez sans peine : il a un art particulier pour laisser souvent dans sa pensée une espèce de réticence, qui ne produit pas l'embarras de comprendre, mais le plaisir de deviner; en sorte qu'il fait en écrivant ce qu'un ancien prescrivait pour la conversation : il vous laisse encore plus content de votre esprit que du sien.

LA HARPE.

La Bruyère nous fait la leçon d'une main si légère qu'il serait de trop mauvais goût de s'en offenser, outre qu'il excelle à intéresser l'esprit et l'imagination à cet enseignement de la raison. A égale distance de la colère du satirique et de l'austérité du prédicateur, il se tient dans une sorte de sérénité aimable; plus heureux d'avoir trouvé le trait vif, saisi le ridicule et créé l'expression qui le peint, qu'affecté de la tristesse de sa matière et du peu d'efficacité probable de la leçon.

NISARD.

La variété dans les *Caractères* est, en plus d'un endroit, l'effet du calcul plutôt que de la richesse de l'invention... C'est de la difficulté vaincue, il est vrai; mais le mérite de la difficulté vaincue n'est une qualité supérieure que là où elle fait valoir les choses, et non l'écrivain. L'artifice et l'ornement ne prouvent pas l'invention, j'y vois plutôt la marque de la stérilité. Le génie fécond ne se fatigue pas en arrangements ; il va droit à ces choses éternelles qui n'ont pas besoin d'être ornées, et par le même effort d'esprit, il les découvre et les exprime. .

NISARD.

La Bruyère n'est pas un de ces moralistes profonds ou ambitieux qui découvrent la raison des sentiments humains ou qui la cherchent, qui s'efforcent de les suivre jusqu'à leur source, les ramènent ainsi les uns aux autres et en réduisent le nombre à mesure qu'ils les connaissent davantage pour s'arrêter seulement devant ces impulsions primitives qui, sous une riche diversité de formes et de noms, font le mouvement de tout notre être et l'agitation de notre vie. Il laisse aux Pascal, aux La Rochefoucauld, aux Vauvenargues cette investigation hardie et cette grande curiosité qui s'attaquent au fond même de notre nature. C'est plutôt l'aspect et la figure de nos passions qui l'attirent; c'est surtout leur physionomie extérieure, leur allure involontaire ou calculée, leur marche et leur effet dans le monde, leur combinaison avec les accidents de la vie, et avec l'ordre de la société. C'est de ce côté que l'entraînaient à la fois son esprit peu fait pour la haute philosophie (comme l'indique son chapitre ingénieux, mais faible, sur les esprits forts), son éloignement pour les grands sujets qui lui semblaient interdits à un écrivain « né chrétien et français », son goût et son talent de peindre qui ont semé tant de comédies vivantes et piquantes dans son œuvre, son inclination enfin à écrire parfaitement, le plaisir qu'il éprouvait en cherchant à bien dire, et le prix extrême qu'il attachait à la gloire d'avoir bien dit. Aussi a-t-il peint les hommes par leurs dehors plutôt qu'en eux-mêmes, mais comme les dehors de nos passions ne changent guère et s'accommodent seulement à la variété des temps et des lieux, il a plus d'une fois touché ce qui ne passe pas à travers ce qui passe, et l'homme éternel se rencontre souvent dans son livre à côté de l'homme de son siècle et de son pays.

PRÉVOST-PARADOL.

Le style de La Bruyère n'aurait pas cette précision, cette crudité, cette hardiesse de touche qui le distingue entre tous ceux de son temps, s'il ne se moulait sur des réalités. Il n'y a pas d'écrivain qui ait une plume plus osée; les seuls dont le style est, comme le sien, plein de muscles et de sang, Mme de Sévigné et Saint-Simon, sont, comme lui, de ceux qui ne puisent pas dans les livres ou dans leurs souvenirs classiques, mais qui peignent sur nature. Concret, matériel, pittoresque et violent, le style de La Bruyère le ferait ranger aujourd'hui parmi les réalistes. Les modes, les usages ont changé, la cour et la ville n'existent plus; il n'y a plus de grands ni d'esprits forts, la société et le souverain ne sont plus ce qu'ils étaient : La Bruyère n'en est pas moins resté vivant et moderne, il l'est par la saillie de l'expression, il l'est par le visible effort qu'il fait pour être amusant. Il veut amuser par la matière, comme disait l'abbé d'Olivet, il veut amuser aussi par la forme... Observez son allure étrange, comptez les cadres qu'il imagine, les petites comédies qu'il compose : il a épuisé toutes les fictions, usé tous les moules, dialogues, récits, apostrophes, allégories; il n'a rien laissé à inventer, et la merveille est qu'avec une recherche si continue, un effort si intense, il soit resté grand écrivain. Il a la subtilité voulue, le tourmenté d'un autre temps que le sien; aussi, en face de cette singularité, son siècle, accoutumé aux formes directes et franches, s'étonne et ne sait que penser : son élection à l'Académie fait scandale comme le ferait celle de tel chroniqueur d'aujourd'hui... Il ne s'érige pas en réformateur, il n'est ni révolutionnaire ni utopiste; il accepte le monde tel qu'il le trouve; mais la séparation du mérite personnel et des biens de fortune, cette inique et ordinaire séparation est le fait à la lumière duquel il observe tout. Sa vie est modeste et réglée; mais, par le sentiment qu'il a de la dignité de la pensée, il se place d'autorité au niveau des plus élevés; condamné à une existence subalterne, froissé bien des fois dans sa fierté par les fils des dieux, pauvre et méconnu, il regimbe au fond de son cœur; enchaîné par la position, il s'affranchit par l'esprit, il se donne le plaisir de rétablir l'ordre vrai dans les choses, tout en se promenant à travers la cour, à déshabiller chacun, à écarter tout cet attirail qui lui est étranger, et à pénétrer jusqu'à l'homme qui, la plúpart du temps, n'est qu'un sot.

CHALLEMEL-LACOUR.

Hier soir j'ai lu du La Bruyère en me couchant; il est bon de se retremper de temps à autre dans ces grands styles-là. Comme c'est écrit! Quelles phrases! Quel relief et quels nerfs!... On lit ces bouquins-là une fois, puis tout est dit. On devrait les savoir par cœur.

FLAUBERT.

Ce n'est pas là (chez les très grands hommes) qu'il faut chercher l'art de la forme, mais chez les seconds, Horace, La Bruyère; il faut savoir les maîtres par cœur, les idolâtrer, tâcher de penser comme eux et puis s'en séparer pour toujours. Comme instruction technique, on trouve plus de profit à tirer des gens savants et habiles.

FLAUBERT.

Le style du XVIIe siècle, presque partout ailleurs lent et majestueux, fixe comme son objet, s'agite chez La Bruyère, s'amenuise, se rajeunit. Il n'a pas le souci du monde extérieur, mais on dirait qu'il voie les esprits, qu'il leur connaisse une forme, un costume, des gestes; pour lui seul, en son temps, le visage humain consiste en autre chose que seulement ses traits et n'est pas que le masque de l'âme : il en serait l'expression. La Bruyère soupçonne la physionomie, devine entre la passion et le rire ou les larmes qu'elle excite un écart et un rapport, — moderne en cela. — S'il n'a pas précisément le sens du pittoresque, il a une qualité toute voisine, le sens d'un ridicule qui n'est pas comique, qui n'est pas convenu, qui perd la perspective, qui est un accident individuel. Chez lui, l'homme est tout près de devenir un homme. Tout le roman moderne est en germe dans La Bruyère. Peu s'en faut qu'avec lui le caractère se complique et s'explique par le tempérament.

CHARLES MORICE.

Son influence a été sensible. Il avait fait son domaine et sa matière des menus ridicules, oubliés par Molière qui avait couru aux grands travers; à leur tour les glaneurs, les poètes comiques secondaires du XVIIIe siècle, Regnard, Destouches, La Chaussée, Picard, lui empruntèrent des caractères de second ordre pour les porter au théâtre. Sa manière d'écrire a été le modèle des *Lettres persanes*. De nos jours on l'imite sans gratitude et peut-être sans discrétion. Les ouvrages de morale courante et de satire mondaine qui paraissent chaque jour ramènent à La Bruyère, par le goût qu'ils donnent d'une critique malicieuse et spirituelle, sans le satisfaire.

FAGUET.

SUJETS DE DEVOIRS

---

1. Quelles indications trouve-t-on dans le livre même de La Bruyère sur son caractère?

2. Qu'est-ce qu'un moraliste? Quels sont les principaux moralistes français? Par un jugement succinct, caractérisez chacun d'eux.

3. Faire d'après le chapitre du *Mérite personnel* et quelques passages des *Caractères*, un portrait de La Bruyère à la cour de Chantilly.

4. Imaginer un dialogue entre Bossuet et La Bruyère. — Bossuet offre à La Bruyère un poste dans la maison de Condé; — La Bruyère hésite à l'accepter; pourquoi? Finalement, il accepte; pourquoi?

5. Avant de faire paraître son livre, La Bruyère le lut à M. de Malézieu, précepteur du duc de Maine, et depuis membre de l'Académie française : « Mon ami, lui dit Malézieu, il y a là de quoi vous faire bien des lecteurs et bien des ennemis. » — Expliquer le mot de Malézieu.

6. La Bruyère va trouver Boileau à Auteuil, pour lui lire les *Caractères*. Le satirique est malade. Il écoute pourtant son hôte; mais, à la fin, après l'avoir félicité : « Vous n'avez oublié qu'un caractère, dit-il, c'est celui de l'auteur qui lit sans pitié ses ouvrages aux pauvres malades. » — Vous décrirez la scène, et vous développerez le caractère esquissé par Boileau.

7. En 1691, La Bruyère n'avait pas été élu à l'Académie, M. Bussy-Rabutin, admirateur de La Bruyère et qui lui avait donné sa voix, exprime à l'abbé Régnier des Marais son regret de cet échec.

8. Boileau écrit à Racine pour lui recommander la candidature de La Bruyère à l'Académie.

9. Y a-t-il un plan dans les *Caractères* de La Bruyère?

10. La Bruyère a dit au début de la préface des *Caractères* : « Je rends au public ce qu'il m'a prêté. » Expliquez cette pensée et dites si l'œuvre de l'écrivain la justifie.

11. Expliquez cette pensée de La Bruyère : « Amas d'épithètes, mauvaises louanges; ce sont les faits qui louent et la manière de raconter. »

12. La Bruyère a-t-il eu raison de dire que les femmes allaient plus loin que les hommes dans l'art d'écrire des lettres?

13. « Tout l'esprit d'un auteur consiste à bien définir et à bien peindre. Il faut exprimer le vrai pour écrire naturellement, finement, délicatement. »

14. Que faut-il penser du jugement de La Bruyère sur Molière?

15. Comparer l'Onuphre de La Bruyère et le Tartuffe de Molière, et prendre texte de ce parallèle pour établir les différences qui existent entre la satire et la comédie.

16. Expliquer et apprécier au point de vue littéraire cette opinion de La Bruyère : « Il y a dans l'art un point de perfection, comme de bonté ou de maturité dans la nature; celui qui le sent et qui l'aime a le goût parfait; celui qui ne le sent pas ou qui aime en deçà ou en delà a le goût défectueux. Il y a donc un bon et un mauvais goût et l'on dispute des goûts avec fondement. »

17. Expliquer ce jugement de La Bruyère sur Corneille : « Corneille peint les Romains; ils sont plus grands et plus Romains dans ses vers que dans leur histoire. »

18. Développer cette pensée de La Bruyère : « Quand une lecture vous élève l'esprit, et qu'elle vous inspire des sentiments nobles et courageux, ne cherchez pas une autre règle pour juger l'ouvrage, il est bon et fait de main d'ouvrier. »

19. « L'esprit de la conversation consiste bien moins à en montrer beaucoup, qu'à en faire trouver aux autres. »

20. Faire le portrait du financier au XVIIe siècle, d'après le chapitre de La Bruyère sur les *Biens de fortune*.

21. Une soirée passée par La Bruyère chez un financier de

son temps. — Vous supposerez qu'il y rencontre plusieurs des originaux qu'il a dépeints dans le chapitre des *Biens de fortune*, Clitiphon, « qu'on ne saurait apprivoiser » ; Chrysippe, « le premier noble de sa race » ; Giton, le riche ; Phédon, le pauvre. Attitudes, entretiens des uns et des autres ; réflexions de La Bruyère.

22. Portrait du courtisan d'après le chapitre de La Bruyère, intitulé *De la Cour*, le comparer aux courtisans décrits par La Fontaine.

23. Rappeler, à propos du chapitre *De la Société et de la Conversation*, l'heureuse influence exercée par les gens du monde et particulièrement par les femmes sur le développement de la littérature française au XVIIe siècle.

24. Expliquer le jugement de La Bruyère sur son livre : « Si on ne goûte point ces *Caractères*, je m'en étonne ; si on les goûte, je m'en étonne de même. »

Quelques-uns de ces sujets de devoirs ont été extraits du recueil de MM. Robert et Jallifier, *Sujets et plans de compositions écrites* (Garnier).

FIN

TABLE DES MATIÈRES

PARIS. — IMPRIMERIE P. MOUILLOT, 13, QUAI VOLTAIRE. — 63220.

www.ingramcontent.com/pod-product-compliance
Lightning Source LLC
LaVergne TN
LVHW010601110826
845149LV00003B/725

* 9 7 8 2 0 1 1 8 7 4 2 2 1 *